清华老讲座

滕浩 选编

当代世界出版社

责任编辑：高玉琪
封面设计：蒋宏工作室

图书在版编目（CIP）数据

清华老讲座/滕浩选编．—北京：当代世界
出版社，2011.7
 ISBN 978-7-5090-0724-2

Ⅰ.①清… Ⅱ.①滕… Ⅲ.①文学－文集
Ⅳ.①G-53

中国版本图书馆 CIP 数据核字（2011）第 089819 号

版权声明

本书在编辑过程中，已取得了绝大多数著作权人的同意，尚余少数著作权人无法与其取得联系，为了尊重著作权，特委托北京版权代理有限责任公司向权利人转付稿酬。请您与北京版权代理有限责任公司联系并领取稿酬。联系方式如下：

吴先生
北京版权代理有限责任公司
北京海淀区知春路 23 号量子银座 1403 室
邮编：100191
电话：86（10）82357059/58/57　　传真：86（10）82357055
网址：www.bookpod.cn

出版发行：	当代世界出版社
地　　址：	北京市复兴路 4 号（100860）
网　　址：	http://www.worldpress.com.cn
编务电话：	（010）83907528
发行电话：	（010）83908410（传真）
	（010）83908408
	（010）83908409
经　　销：	全国新华书店
印　　刷：	北京欣睿虹彩印刷有限公司
开　　本：	700 毫米×960 毫米　1/16
印　　张：	13.5
字　　数：	188 千字
版　　次：	2012 年 4 月第 1 版
印　　次：	2012 年 4 月第 1 次
书　　号：	ISBN 978-7-5090-0724-2
定　　价：	23.80 元

如发现印装质量问题，请与承印厂联系调换。
版权所有，翻印必究，未经许可，不得转载！

目　　录

清华八年 …………………………………… 梁实秋（1）

大学一解 …………………………………… 梅贻琦（7）

中央大学之使命 …………………………… 罗家伦（19）

情圣杜甫 …………………………………… 梁启超（27）

屈原研究 …………………………………… 梁启超（40）

科学精神与东西文化 ……………………… 梁启超（61）

红楼梦评论 ………………………………… 王国维（69）

文学小言 …………………………………… 王国维（89）

真理与自由 ………………………………… 王国维（95）

《唐诗三百首》指导大概 ………………… 朱自清（97）

语言自传 …………………………………… 赵元任（126）

文学略说 …………………………………… 章太炎（143）

论气运 ……………………………………… 钱　穆（161）

通货膨胀与岁计 …………………………… 陈岱孙（175）

什么是儒家 ………………………………… 闻一多（196）

关于儒·道·土匪 ………………………… 闻一多（201）

从宗教论中西风格 ………………………… 闻一多（206）

清华八年

梁实秋

梁实秋（1903～1987），原名梁治华，字实秋。原籍浙江杭县，生于北京。中国现代文学家，美国文化史学专家，翻译家。1934年应聘任北京大学研究所教授兼外文系主任。1935年秋创办《自由评论》，先后主编过《世界日报》副刊《学文》和《北平晨报》副刊《文艺》。散文代表作《雅舍小品》从1949年起20多年共出4辑。30年代开始翻译莎士比亚作品，持续40载，到1970年完成了全集的翻译，计剧本37册，诗3册。晚年用7年时间完成百万言著作《英国文学史》。

我自民国四年进清华学校读书，民国十二年毕业，整整八年的功夫在清华园里度过。人的一生没有几个八年，何况是正在宝贵的青春？四十多年前的事，现在回想已经有些模糊，如梦如烟，但是较为突出的印象则尚未磨灭。有人说，人在喜欢开始回忆的时候便是开始老的时候。我现在开始回忆了。

民国四年，我十四岁，在北平新鲜胡同京师公立第三小学毕业，我的父亲接受朋友的劝告要我投考清华学校。这是一个重大的决定，因为这个学校远在郊外，我是一个古老的家庭中长大的孩子，从来没有独自在街头上闯荡过，这时候要捆绑起铺盖到一个陌生的地方去住，不是一件平常的事，而且在这个学校经过八年之后便要漂洋过海离乡背井到新大陆去负笈求学，更是难以设想的事。所以父亲这一决定下来，母亲急得直哭。

清华学校在那时尚不大引人注目。学校的创立乃是由于美国退还庚子赔款半数指定用于教育用途，意思是好的，但是带着深刻的国耻的意味。所以这学校的学制特殊，事实上是留美预备学校，不由教育部管理，校长由外交部派。每年招生的名额，按照各省分担的庚子赔款的比例分配。我原籍浙江杭县，本应到杭州去应试，往返太费事，而且我家寄居北平很久，也可以算是北平的人家，为了取得法定的根据起见，我父亲特赴京兆大兴县署办理户籍手续，得到准许备案，我才到天津（当时直隶省会）省长公署报名。我的籍贯从此确为京兆大兴县，即北平。

那一年直隶省分配的名额为五名，报名应试的大概是三十几个人，初试结果取十名，复试再遴选五名，复试由省长朱家宝亲自主持，此公素来喜欢事必躬亲，不愿假手他人，居恒有一个图章，文曰："官要自作"。我获得初试入选的通知以后就到天津去谒见省长。十四岁的孩子几会到过官署？大门口的站班的衙役一声吆喝，吓我一大跳，只见门内左右站着几个穿宽袍大褂的衙役垂手肃立，有人出来点名。静静地等了一刻钟，一位面圆圆的老者微笑着踱了出来，从容不迫地抽起水烟袋，逐个地盘问我们几句话，无非是姓甚，名谁，几岁，什么属性之类的谈话。然后我们围桌而坐。各有毛笔纸张放在前面，写一篇作文，题目是《孝悌为人之本》。这个题目我好像从前作过，于是不假思索援笔立就，总之是一些陈词滥调。

过后不久榜发，榜上有名的除我之外有吴卓，安绍芸，梅贻宝，及一位未及入学即行病逝的应某。考取学校总是幸运的事，虽然那时候我自己以及一班人并不怎样珍视这样的一个机会，就是这样我和清华结下了八年的缘分。

八月末，北平已是初秋天气，我带着铺盖到清华去报到，出家门时母亲直哭，我心里也很难过。我以后读英诗人 Cowper 的传记时之特别同情他，即是因为我自己深切体验到一个幼小的心灵在离开父母出外读书时的那种滋味——说是"第二次断奶"实在不为过。第一次断奶，固然痛苦，但那是在孩提时代，尚不懂事，没有人能回忆自己断奶时的懊恼。第二次断奶就不然了，从父母身边把自己扯开，在心里需要一点儿气力，而且少不了一阵心酸。

清华园在北平西郊外的海淀的西北。出西直门走上一条漫长的马路，沿途有几处步兵统领衙门的"堆子"，清道夫一铲一铲地在道上洒黄土，一勺一勺地在道上泼清水，路的两旁是铺石的路，专给套马的大敞车走的。最不能忘记的是路旁的官柳，是真正的垂杨柳，好几丈高的桠杈古木，在春天一片蛾黄，真是柳眼挑金，更动人的时节是在秋后，柳丝飘扬到人的脸上，一阵阵的蝉噪，夕阳古道，情景幽绝。我初上这条大道，离开温暖的家，走向一个新的环境，心里不知是什么滋味。海淀是一个小乡镇，过仁和酒店微闻酒香，再过去不远有一个小石桥，左转去颐和园，右转经圆明园遗址，再过去就是清华园了。清华原是清室某亲贵的花园，大门上"清华园"三字是大学士那桐题的，门并不大，有两扇铁栅，门内左边有一棵状如华盖的老松，斜倚有态，门前小桥流水，桥头上经常系着几匹小毛驴。

园里谈不到什么景致，不过非常整洁，绿草如茵，校舍十分简朴，但是一尘不染。原来的一点儿中国式的园林点缀保存在"工字厅"，"古月堂"，尤其是工字厅后面的荷花池，徘徊池畔，有"风来荷气，人在木阴"之致。塘坳有亭翼然，旁有巨钟为报时之用。池畔松柏参天，厅后匾额上的"水木清华"四字确是当之无愧。我在这个地方不知消磨了多少黄昏。

西园榛莽未除，一片芦蒿，但是登土山西望，圆明园的断垣残石历历可见，俯仰苍茫，别饶野趣。我记得有一次郁达夫特来访问，央我陪他到圆明园去凭吊遗迹，除了那一堆石头什么也看不见了。

清华分高等科中等科两部分。刚入校的便是中等科的一年级生。

中等四年，高等四年，毕业后送到美国去，这两部分是隔离的，食宿教室均不在一起。

学生们是来自各省的，而且是很平均的代表着各省。因此各省的方言都可以听到，我不相信除了清华之外有任何一个学校其学生籍贯是如此地复杂。有些从广东、福建来的，方言特殊，起初与外人交谈不无困难，不过年轻人学语迅速，稍后亦可适应。由于方言不同，同乡的观念容易加强，虽无同乡会的组织，事实上一省的同乡自成一个集团。我是北平人，我说国语，大家都学着说国语，所以我没有方言，因此我也就没有同乡观念。如果我可以算得是北平土著，像我这样的土著清华一共没有几个（原籍满族的陶世杰，原籍蒙古族的杨宗瀚都可以算是真正的北平人）。北平也有北平的土语，但是从这时候起我就和各个不同省籍的同学交往，我只好抛弃了我的土语的成分，养成使用较为普通的国语的习惯。我一向不参加同乡会之类的组织，同时我也没有浓厚的乡土观念，因为我在这样的环境有过八年的熏陶，凡是中国人都是我的同乡。

一天夜里下大雪。黎明时同屋的一位广东同学大惊小怪的叫了起来，别的寝室的广东同学也奔走相告，一个从箱里取出羊皮袍穿上，但是里面穿的是单布裤子！有一位从厦门来的同学，因为语言不通没人可以交谈，孤独郁闷而精神反常，整天用英语叫喊"我要回家！我要回家！"高等科有一位是他的同乡，但是不能时常来陪伴他。结果这位可怜的孩子被遣送回家了。

我是比较幸运的，每逢星期日我交上一封家长的信便可获准出校返家，骑驴抄小径，经过大钟寺，到西直门，或是坐人力车沿大道进城。在家里吃一顿午饭，不大功夫夕阳西下又该回学校去了。回家的手续是在星期六晚办妥的，领一个写着姓名的黑木牌，第二天交到看守大门的一位张姓老头儿的手里，才得出门。平时是不准越大门一步的。

新生是一群孩子，我这一班以项君最为矮小，有一回他掉在一只大尿桶里几乎淹死。二三十年后我在天津遇到他，他已经任一个银行的经理，还是那么高，想起往事不禁发出会心的微笑。

新生的管理是很严格的。斋务主任陈筱田先生是个了不起的人物，天津人，说话干脆而尖刻，精神饱满，认真负责。学生都编有学号，我在中等科时是五八一，在高等科时是一四九，我毕业后十几年在南京车站偶然遇到他，他还能随口说出我的学号。每天早晨七点打起床钟，赴洗盥室，每人的手巾脸盆都写上号码，脏了要罚。七点二十分吃早饭，四碟咸菜如萝卜干八宝菜之类，每人三个馒头，稀饭不限。饭桌上也有各人的号码，缺席就要记下处罚。脸可以不洗，早饭不能不吃。陈先生常躲在门后，拿着纸笔把迟到的一一记下，专写学号，一个也漏不掉。我从小就有早起的习惯，永远在打钟以前很久就起床，所以从不误吃早饭。

学生有久久不写平安家信以至家长向学校查询者，因此学校规定每两星期必须写家信一封，交斋务室登记，我每星期回家一次，应免此一举，但碍于规定仍需照办。我父亲说这是好的练习小楷的机会，特为我在荣宝斋印制了宣纸的信纸，要我写信，年终汇订成册。

学生身上不许带钱，钱要存在学校银行里，平常的零用钱可以存少许在身上，但一角钱一分钱都要记账，而且是新式账簿，有明细账，有资产负债对照表，月底结算完成要承送斋务室备核盖印然后发还。在学校用钱的机会很少，伙食本来是免费的，我入校的那一年才开始收半费，每月伙食是六元半，我交三元，在我以后就是交全费的了，洗衣服每月二元，这都是在开学时交清了的。理发每次一角，手法不高明，设备也简陋，有一样好处——快，十分钟连揪带拔一定完工。我的朋友张心一来自甘肃，认为一角钱太贵，总是自剃光头，青白油亮，只是偶带刀痕。所以花钱只是买零食。校内有一个地方卖日用品及食物，起初名为嘉华公司，后改称为售品所，卖豆浆、点心、冰淇淋、花生，栗子之类。只有在寝室里可以吃东西，在路上走的时候吃东西是被禁止的。洗澡的设备很简单，用的是铅桶，由工友担冷热水。孩子们很多不喜欢洗澡，于是洗澡便需要签名，以备查核。规定一星期洗澡至少两次，这要求并不过分，可是还有人只签名而不洗澡。照规定一星期不洗澡予以警告，若仍不洗澡则在星期五下午四时周会（名为伦理演讲）时公布姓名，若仍不洗澡则强制执行派员监视。以我所知，这规则尚不曾实行过。

看小说也在禁止之列，小说是所谓"闲书"，是为成年人消遣之用，不是诲淫就是诲盗，年轻人血气未定，看了要出乱子的。可是像《水浒》、《红楼梦》之类我早就在家里看过，也是偷着看的。我到清华之后，经朋友指点，海淀有一家小书店可以买到石印小字的各种小说。我顺便去了一看，琳琅满目，如入宝山，买了一部《绿牡丹》。有一天晚上躺在床上偷看，字小，灯暗，倦极抛卷而眠，翌晨起来就忘记从枕下捡起，斋务先生查寝室，伸手一摸就拿走了。当天就有条子送来，要我去回话，我还不知道是什么事。只见陈先生铁青着脸，把那本《绿牡丹》往我面前一丢，说："这是嘛？""嘛"者，天津话"什么"也。我的热血涌到脸上，无话可说，准备接受打击。也许是因为我是初犯，而且并无前科，也许是因为我诚惶诚恐俯首认罪，使得惩罚消了不少怒意，我居然除了受几声斥责及查获禁书没收之外没有受到惩罚。依法，这种罪过是要处分的，应于星期六下午大家自由活动之际被罚禁闭，地点在"思过室"，这种处分是最轻微的处分，在思过室里静坐几小时，屋里壁上满挂着格言，所谓"闭门思过"。凡是受过次等处分的，就算是有了记录，休想再能获得品行优良的大铜墨盒。我没进过思过室，可是也从没得过大铜墨盒，可能是受了《绿牡丹》的影响。我们对于得过大铜墨盒的同学既不嫉妒也不羡慕，因为人人心里明白那个墨盒的代价是什么，并且事后证明墨盒的得主将来都变成了什么样的角色。

大学一解

梅贻琦

梅贻琦（1889~1962），字月涵，天津人。著名教育家。梅贻琦于1931年10月至1948年12月出任清华大学校长，到职后多次阐述"所谓大学者，非谓有大楼之谓也，有大师之谓也"、"师资为大学第一要素"等办学至理，并积极聘请国内国际著名学者来校执教。他认为"大学应有两种目的，一是研究学术，二是造就人才"。在他的主持下，清华大学发展为一所在国内外颇有影响的学府。

今日中国之大学教育，溯其源流，实自西洋移植而来，顾制度为一事，而精神又为一事。就制度言，中国教育史中固不见有形式相似之组织，就精神言，则文明人类之经验大致相同，而事有可通者。文明人类之生活不外乎两大方面，曰己，曰群，或曰个人，曰社会。而教育之最大的目的，要不外使群中之己与众己所构成立群各得其安所遂生之道，且进以相位相育，相方相苞；则此地无中外，时无古今，无往而不可通者也。

西洋之大学教育已有八九百年之历史，其目的虽鲜有明白揭示之者，然试一探究，则知其本源所在，实为希腊之人生哲学，而希腊人生哲学之精髓无它，即"一己之修明"是已（know themself）。此与我国儒家思想之大本又何尝有异致？孔子于《论语·宪问》曰，

"古之学者为己"。而病今之学者舍己以从人。其答子路问君子，曰"修己以敬"，进而曰，"修己以安人"，又进而曰，"修己以安百姓"；夫君子者无它，即学问成熟之人，而教育之最大收获也。曰安人安百姓者，则又明示修己为始阶，本身不为目的，其归宿，其最大之效用，为众人与社会之福利，此则较之希腊之人生哲学，又若更进一步，不仅以一己理智方面之修明为己足也。

及至大学一篇之作，而学问之最后目的，最大精神，乃益见显著。《大学》一书开章明义之数语即曰，"大学之道，在明明德，在新民，在止于至善。"若论其目，则格物，致知，诚意，正心，修身，属明明德；而齐家，治国，平天下，属新民。《学记》曰，"九年知类通达，强立而不反，谓之大成；夫然后足以化民易俗，近者悦服，而远者怀之，此大学之道也。"知类通达，强立不反二语，可以为明明德之注脚；化民成俗，近悦远怀三语可以为新民之注脚。孟子于《尽心章》，亦言修其身而天下平。荀子论"自知者明，自胜者强"亦不出明明德之范围，而其泛论群居生活之重要，群居生活之不能不有规律，亦无非阐发新民二字之真谛而已。总之，儒家思想之包罗虽广，其于人生哲学与教育理想之重视明明德与新民二大步骤，则始终如一也。

今日之大学教育，骤视之，若与明明德、新民之义不甚相干，然若加深察，则可知今日大学教育之种种措施，始终未能超越此二义之范围，所患者，在体认尚有未尽而实践尚有不力耳。大学课程之设备，即属于教务范围之种种，下自基本学术之传授，上至专门科目之研究，固物致知之功夫而明明德之一部分也。课程以外之学校生活，即属于训导范围之种种，以及师长持身、治学、接物、待人之一切言行举措，苟于青年不无几分裨益，此种裨益亦必于格致诚正之心理生活见之。至若各种人文科学、社会科学学程之设置，学生课外之团体活动，以及师长以公民之资格对一般社会所有之努力，或为一种知识之准备，或为一种实地工作之预习，或为一种风声之树立，青年一旦学成离校，而于社会有须贡献，要亦不能不资此数者为一部分之挹注。此又大学教育新民之效也。

然则所谓体认未尽实践不力者又何在？明明德或修己工夫中之所谓明德，所谓己，所指乃一人整个之人格，而不是人格之片段。所谓整个之人格，即就比较旧派之心理学者之见解，至少应有知、情、志三个方面，而此三方面者皆有修明之必要。今则不然，大学教育所能措意而略有成就者，仅属知之一方面而已，夫举其一而遗其二，其所收修明之效，因已极有限也。然即就知之一端论之，目前教学方法之效率亦大有尚待扩充者。理智生活之基础为好奇心与求益心，故贵在相当之自动，能有自动之功，所能收自新之效，所谓举一反三者；举一虽在执教之人，而反三总属学生之事。若今日之教学，恐灌输之功十居七八，而启发之功十不得二三。明明德之义，释以今语，即为自我之认识，为自我知能之认识，此即在智力不甚平庸之学子亦不易为之，故必有执教之人为之启发，为之指引，而执教者之最大能事，亦即至此而尽，过此即须学子自为探索；非执教者所得而助长也。故古之善教人者，《论语》谓之善诱，《学记》谓之善喻。孟子有云："君子深造之以道，欲其自得之也，自得之，则居之安，居之安，则资之深，资之深，则取之左右逢其源，故君子欲其自得之也"，此善诱或善喻之效也。今大学中之教学方法，即仅就知识教育言之，不逮尚远。此体认不足实践不力之一端也。

至意志与情绪二方面，既为寻常教学方法所不及顾，则其所恃者厥有二端，一为教师之树立楷模，二为学子之自谋修养。意志须锻炼，情绪须裁节，为教师者果能于二者均有相当之修养工夫，而于日常生活之中与以自然之流露，则从游之学子无形中有所取法；古人所谓身教，所谓以善先人之教，所指者大抵即为此两方面之品格教育，而与知识之传授不相干也。治学之精神与思想之方法，虽若完全属于理智一方面之心理生活，实则与意志之坚强与情绪之稳称有极密切之关系；治学贵谨严，思想忌偏蔽，要非持志坚定而用情有度之人不办。孟子有曰，"仁义礼智根于心，则其生色也，睟然见于面，盎于背，施于四体，四体不言而喻"。曰根于心者，**修养之实**，曰生于色者，**修养之效而自然之流露**；设学子所从游者率为此类之教师再假以时日，则濡染所及，观摩所得，亦正复有其不言而喻之功用。《学记》所称之善喻，要亦不能外此。试问今日之大学教育果具备此条件否乎？曰否。此可与三方面见之。上文不云乎？今日大学教育所能措意者仅为人格之三方面之一，为教师者果能于一己所专长之特科知识，有充分之准备，为明晰之讲授，作尽心与负责之考课，即已为良善之教师，其于学子之意志与情绪生活与此种生活之见于操守者，殆有若秦人之视越人之肥瘠；历年既久，相习成风，即在有识之士，亦复视为固然，不思改作，浸假而以此种责任完全诿诸他人，曰"此乃训育之事，与教学根本无干。此条件不具备之一方面也。为教师者，自身固未始不为此种学风之产物，其日以孜孜者，专科知识之累积而已，新学说与新实验之传习而已，其于持志养气之道，待人接物之方，固未尝一日讲求也；试问己所未能讲求或无暇讲求者，又何能执以责人？此又一方面也。今日学校环境之内，教师与学生大率自成部落，各有其生活之习惯与时尚，舍教室中讲授之时间而外，几于不相谋面，军兴以还，此风尤甚；即有少数教师，其持养操守足为学生表率而无愧者，亦犹之椟中之玉，斗底之灯，其光辉不达于外，而学子即有切心于观摩取益者，亦自无从问径。此又一方面也。古者学子从师受业，谓之从游，孟子曰，"游于圣人之门者难为言"，间尝思之，游之时义大矣哉。学校犹水也，师生犹鱼也，其行动犹游泳也，大鱼前导，小鱼尾随，是从游也，从游既久，其濡染观摩之效，自不求而至，不为而成。反观今日师生之关系，直一奏技者与看客之关系耳，去从游之义不綦远哉！此则于大学之道，体认尚有未尽实践尚有不力之第二端也。

至学子自身之修养又如何？学子自身之修养为中国教育思想中最基本之部分，亦即儒家哲学之重心所寄。《大学》八目，涉此者五，《论语》、《中庸》、《孟子》所反复申论者，亦以此为最大题目。宋元以后之理学，举要言之，一自身修善之哲学耳；其派别之分化虽多，门户之纷呶虽甚，所争者要为修养之方法，而于修养之必要，则靡不同也。我侪以今日之眼光相绳，颇病理学教育之过于重视个人之修养，而于社会国家之需要，反不能多所措意；末流之弊，修身养性几不复为入德育才之门，而成遁世避实之路。然理学教育之所过即为今日学校教育之所不及，今日大学生之生活中最感缺乏之一事即为个人之修养，此又可就下列三方面分别言之：

一曰时间不足。今日大学教育之学程太多，上课太忙，为众所公认之一事，学生于不上课之时间，又例须有多量之"预备"功夫，而所预备者又不出所习学程之范围，于一般之修养邈不相涉。习文史哲学者，与修养功夫尚有几分关系，其习它种理实科目者，无论其为自然科学或社会科学，犹木工水作之习一艺耳。习艺愈勤去修养愈远。何以故？曰，无闲暇故。仰观宇宙之大，俯察品物之盛，而自审其一人之生应有之地位，非有闲暇不为也。纵探历史之悠久，文教之累积，横索人我关系之复杂，社会问题之繁变，而思对此悠久与累积者宜如何承袭节取而有所发明，对复杂繁变者宜如何应付而知所排解，非有闲暇不为也；人生莫非学问也，能自作观察、欣赏、沉思、体会者，斯得之。今学程之所能加惠者，充其量，不过此种种自修功夫之资料之补助而已，门径之指点而已，至若资料之咀嚼融化，门径之实践以致于升堂入室，博者约之，万殊者一之，则非有充分之自修时间不为功。就今日之情形而言，则咀嚼之时间，且犹不足，无论融化，粗识门径之机会犹或失之，姑无论升堂入室矣。

　　二曰空间不足。人生不能离群，而自修不能无独，此又近顷大学教育最所忽略之一端。《大学》一书尝极论毋自欺，必镇独之理。不欺人易，不自欺难，与人相处而慎易，独居而慎难。近代之教育，一则曰社会化，再则曰集体化，卒使舍悉成营房，学养无非操演，而慎独与不自欺之教亡矣。夫独学无友，则孤陋而寡闻，乃仅就智识之切磋而为言者也；至情绪之制裁，意志之磨励，则固为我一身一心之事，他人之于我，至多亦只所以相督励，示鉴戒而已。自"慎独"之教亡，而学子乃无发有"独"之机会，亦无复作"独"之企求；无复知人我之间精神上与实际上应有之充分之距离，适当之分寸，浸假而无复和情绪制裁与意志磨练之为何物，即无复和《大学》所称诚意之为何物，充其极，乃至于学问见识一端，亦但知从众而不知从己，但知附和而不敢自作主张，力排众议。晚近学术界中，每多随波逐浪（时人美其名曰"适应潮流"）之徒，而少砥柱中流之辈，由来有渐，实无足怪。《大学》一书，于开章时阐明大学之目的后，即曰，"知止而后有定，定而后能静，静而后能安，安而后能虑，虑而后能得"。今日之青年，一则因时间之不足，再则因空间之缺乏，乃至数年之间，竟不能如怕黄鸟之得一丘隅以为休止。休止之时地既不可得，又遑论定、静、安、虑、得之五步功夫耶？此深可虑而当亟为之计者也。

　　三曰师友古人之联系之阙失。关于师之一端，上文已具论之，今日之大学青年，在社会化与集体生活化一类口号之空气之中，所与往还者，有成群之大众，有合伙之伙伴，而无友。曰集体生活，又每苦不能有一和同之集体，或若干不同而和之集体，于是人我相与之际，即一言一动之间，亦不能不多所讳饰顾忌，驯至舍寒暄笑谑与茶果征逐而外，根本不相往来。此目前有志之大学青年所最感苦闷之一端也。夫友所以祛孤陋，增闻见，而辅仁进德者也，个人修养之功，有恃于一己之努力者固半，有赖于友朋之督励者亦半；今则一己之努力既因时空两间之不足而不能有所施展，有如上文所论，而求友之难又如此，以何怪乎成德达材者之不多见也。古人亦友也，孟子有尚友之论，后人有尚友之录，其对象皆古人也。今人与年龄相若之同学中既无可相友者，有志者自犹可于古人中求之。然求之又苦不易。史学之必修课程太少，普通之大学生往往仅修习通史一两门而止，此不易一也。时人对于史学与一般过去之经验每不重视，甚者且以为革故鼎新之精神，即在完全抹杀已往，而创造未来，前人之言行，时移世迁，即不复有分毫参考之价值，此不易二也。即在专考史学之人，又往往用纯粹物观之态度以事研究，驯至古人之言行举措，其所累积之典章制度，成为一堆毫无生气之古物，与古物物学家所研究之化石骨殖无殊，此种研究之态度，非无其甚大之价值，然设过于偏注，则史学者与人生将不复有所联系，此不易三也。有此三不易，于是前哲所再三申说之"以人鉴人"之原则将日趋湮没。以上三端，所论皆为明德一方面之体认未尽与实践不力，然则新民一方面又如何？大学新民之效，厥有二端。一为大学生新民工作之准备；二为大学校对社会秩序与民族文化所能建树之风气。于此二端，今日之大学教育体认亦有未尽，而实践亦有不力也。试分论之。

大学有新民之道，则大学生者负新民工作之实际责任者也。此种实际之责任，因事先必有充分之准备，相当之实验或见习，而大学四年，即所以为此准备与实习而设，亦自无烦赘说。然此种准备与实习果尽合情理乎？则显然又为别一问题。明德功夫即为新民功夫之最根本之准备，而此则已大有不能尽如人意者在，上文已具论之矣。

然准备之缺乏犹不止此。今人言教育者，动称通与专之二原则。故一则曰大学生应有通识，又应有专识，再则曰大学卒业之人应为一通才，亦应为一专家，故在大学期间之准备，应为通专并重。此论固甚是，然有不尽妥者，亦有未易行者。此论亦固可以略救近时过于重视专科之弊，然犹未能充量发挥大学应有之功能。窃以为大学期内，通专虽应兼顾，而重心所寄，应在通而不在专，换言之，即须一反目前重视专科之倾向，方足以语于新民之效。夫社会生活大于社会事业，事业不过为人生之一部分，其足以辅翼人生，推进人生，固为事实，然不能谓全部人生寄寓于事业也。通识，一般生活之准备也，专识，特种事业之准备也，通识之用，不止润身而已，亦所以自通于人也，信如此论，则通识为本，而专识为末，社会所需要者，通才为大，而专家次之，以无通才为基础之专家临民，其结果不为新民，而为扰民。此通专并重未为恰当之说也。大学四年而已，以四年之短期间，而既须有通识之准备，又须有专识之准备，而二者之间又不能有所轩轾，即在上智，亦力有未逮，况中资以下乎？并重之说所以不易行者此也。偏重专科之弊，既在所必革，而并重之说又窒碍难行，则通重于专之原则尚矣。

难之者曰，大学而不重专门，则事业人才将焉出？曰，此未作通盘观察之论也，大学虽重要，究不为教育之全部，造就通才虽为大学应有之任务，而造就专才则固别有机构在。一曰大学之研究院。学子即成通才，而于学问之某一部门，有特殊之兴趣，与特高之推理能力，而将以研究为长期或终身事业者可以入研究院。二曰高级之专门学校。艺术之天分特高，而审美之兴趣特厚者可入艺术学校，躯干刚劲，动作活泼，技术之智能强，而理论之兴趣较薄者可入技术学校。三曰社会事业本身之训练。事业人才之造就，由于学识者半，由于经验者亦半，而经验之重要，且在学识之上，尤以社会方面之事业人才所谓经济长才者为甚，尤以在今日大学教育下所能产生之此种人才为甚。今日大学所授之社会科学知识，或失之理论过多，不切实际，或失之凭空虚构，不近人情，或失之西洋之资料太多，不适国情民性；学子一旦毕业而参加事业，往往发现学用不相呼应，而不得不于所谓"经验之学校"中，别谋所以自处之道，及其有成，而能对社会有所贡献，则泰半自经验之学校得来，而与所从卒业之大学不甚相干，以至于甚不相干。始恍然于普通大学教育所真能造就者，不过一出身而已，一资格而已。

出身诚是也，资格亦诚是也。我辈从事大学教育者，诚能执通才之一原则，而曰，才不通则身不得出，社会亦诚能执同一之原则，而曰，无通识之准备者，不能取得参加社会事业之资格，则所谓出身与资格者，固未尝不为绝有意识之名词也。《大学》八目，明德之一部分至身修而止，新民之一部分自身修而始，曰出身者，亦曰身已修，德已明，可以出而从事于新民而已矣，夫亦岂易言哉？不论一人一身之修明之程度，不向其通识之有无多寡，而但以一纸文凭为出身之标识者，斯失之矣。

通识之授受不足，为今日大学教育之一大通病，固已渐为有识者所公认，然不足者果何在，则言之者尚少。大学第一年不分院系，是根据通之原则者也，至第二年而分院系，则其所据为专之原则。通则一年，而专乃三年，此不足之最大原因而显而易见者。今日而言学问，不能出自然科学，社会科学，与人文科学三大部分；曰通识者，亦曰学子对此三大部门，均有相当准备而已，分而言之，则对每门有充分之了解。合而言之，则于三者之间，能识其会通之所在，而恍然于宇宙之大，品类之多，历史之久，文教之繁，要必有其一以贯之之道，要必有其相为因缘与依倚之理，此则所谓通也。今学习仅及期年而分院分系，而许其进入专门之学，于是从事于一者，不知二与三为何物，或仅得二与三之一知半解，与道听途说者初无二致；学者之选习另一部门或院系之学程也，亦先存一"限于规定，聊复选习"之不获已之态度，日久而执教者亦曰，聊复有此规定尔，固不敢从此期学子之必成为通才也。近年以来，西方之从事于大学教育者，亦尝计虑及此，而设为补救之法矣。其大要不出二途。一为展缓分院分系之年限，有自第三学年始分者；二为第一学年中增设"通论"之学程。窃以为此二途者俱有未足，然亦颇有可供攻错之价值；可为前途改革学程支配之张本。大学所以宏造就，其所造就者为粗制滥造之专家乎，抑为比较周见洽闻，本末兼赅，博而能约之通士乎？胥于此种改革卜之矣。大学亦所以新民，吾侪于新民之义诚欲作进一步之体认与实践，欲使大学出身之人，不藉新民之名，而作扰民之实，亦胥以此种改革为入手之方。

然大学之新民之效，初不待大学生成与参加事业而始见也。学府之机构，自身亦正复有其新民之功用，就其所在地言之，大学俨然为一方教化之重镇，而就其声教所暨者言之，则充其极可以为国家文化之中心，可以为国际思潮交流与朝宗之汇点（近人有译英文 Focus 一字为汇点者，兹从之）。即就西洋大学发展之初期而论，十四世纪与十五世纪初年，欧洲中古文化史有三大运动焉，而此三大运动者均自大学发之。一为东西两教皇之争，其终于平息而教权复归于一者，法之巴黎大学领导之功也；二为魏克文夫（Wyclif）之宗教思想革新运动，孕育而拥护之者英之牛津大学也；三为郝斯（John Hus）之宗教改革运动，率与惠氏之运动均为十六世纪初年马丁·路得宗教改革之先声，而孕育与拥护之者，布希米亚（战前为捷克地）之蒲拉赫（Prague）大学也。

间尝思之，大学机构之所以生新民之效者，盖又不出二途。一曰为社会之倡导与表率，其在平时，表率之力为多，及处非常，则倡导之功为大。上文所举之例证，盖属于倡导一方面者也。二曰新文化因素之孕育涵养与简练揣摩。而此二途者又各有其凭藉。表率之效之凭藉为师生之人格与其言行举止。此为最显而易见者。一地之有一大学，犹一校之有教师也，学生以教师为表率，地方则以学府为表率，古人谓一乡有一善士，则一乡化之，况学府者应为四方善士之一大总汇乎？设一校之师生率为文质彬彬之人，其出而与社会周旋也，路之人亦得指而目之曰，是某校教师也，是某校生徒也，而其所由指认之事物为语默进退之间所自然流露之一种风度，则始而为学校环境以内少数人之所独有者，终将为一地方所共有，而成为一种风气；教化云者，教在学校环境以内，而化则达于学校环境以外，然则学校新民之效，固不待学生出校而始见也明矣。

新文化因素之孕育所凭藉者又为何物？师生之德行才智，图书实验，大学之设备，可无论矣。所不可不论者为自由探讨之风气。宋儒安定胡先生有曰，"艮言思不出其位，正以戒在位者也，若夫学者，则无所不思，无所不言，以其无责，可以行其志也；若云思不出其位，是自弃于浅陋之学也。"此语最当。所谓无所不思，无所不言，以今语释之，即学术自由（Academic Freedom）而已矣。今人颇有以自由主义为诟病者，是未察自由主义之真谛者也。夫自由主义（Liberalism）与荡放主义（Libertinism）不同，自由主义与个人主义，或乐利的个人主义，亦截然不为一事。假自由之名，而行荡放之实者，斯病矣。大学致力于知、情、志之陶冶者也，以言知，则有博约之原则在，以言情，则有裁节之原则在，以言志，则有持养之原则在，秉此三者而求其所谓"无所不思，无所不言"，则荡放之弊又安从而乘之？此犹仅就学者一身内在之制裁而言之耳，若自新民之需要言之，非旦夕可期也，既非旦夕可期，则与此种事业最有关系之大学教育，与从事于此种教育之人，其所以自处之地位，势不能不超越几分现实，其注意之所集中，势不能为一时一地之所限止，其所期望之成就，势不能为若干可以计日而待之近功。职是之故，其"无所不思"之中，必有一部分为不合时宜之思，其"无所不言"之中，亦必有一部分为不合时宜之言；亦正惟其所思所言，不尽合时宜，乃或不合于将来，而新文化之因素胥于是生，进步之机缘，胥于是启，而亲民之大业，亦胥于是奠其基矣。

大学之道，在明明德，在新民，在止于至善。至善之界说难言也，姑舍而不论。然明明德与新民二大目的固不难了解而实行者。然洵加上文所论，则今日之大学教育，于明明德一方面，了解犹颇有未尽，践履犹颇有不力者，而不尽不力者，要有三端，于新民一方面亦然，其不尽力者要有二端。不尽者尽之，不力者力之，是今日大学教育之要图也？是"大学一解"之所为作也。

中央大学之使命

罗家伦

> 罗家伦（1897～1969），字志希，笔名毅。原籍浙江绍兴，生于江西进贤。著名教育家、思想家。1920年赴美国留学，先后在美国普林斯顿大学、哥伦比亚大学学习。1922年起在英国伦敦大学、德国柏林大学、法国巴黎大学研究，专治历史与哲学。1926年回国，历任清华大学首任校长，武汉大学历史系教授，南京中央政治学院教育长，中央大学校长。编有大型史料丛书《革命文献》，主要著作编入《罗家伦先生文存》。

当此国难严重期间，本大学经停顿以后，能够以最短的时间，由积极筹备至于全部开学上课，以及今天第一次全体的集会，实在使我们感觉得这是很有重大意义的一回事。

这次承各位教职员先生的好意，旧的愿意继续惠教，新的就聘来教，集中在我们这个首都的学府积极努力于文化建设的事业，这是我代表中央大学要向各位表示诚恳谢意的。

本人此次来中大，起初原感责任重大，不敢冒昧担任，现在既已担负这个大的责任，个人很愿意和诸位对于中大的使命，共同树立一个新的认识。因为我认为办理大学不仅是来办理大学普通的行政事务而已，一定要把一个大学的使命认清，从而创造一种新的精神，养成一种新的风气，以达到一个大学对于民族的使命。现在，中国的国难严重到如此，中华民族已临到生死关头，我们设在首都的国立大学，当然对于民族和国家，应尽到特殊的责任，就是负担起特殊的使命，然后办这个大学才有意义。这种使命，我觉得就是为中国建立有机体的民族文化。我认为个人在去留的期间虽有长短，但是这种使命应当是中央大学永久的负担。

本来，一个民族要能自立图存，必须具备自己的民族文化。这种文化，乃是民族精神的结晶，民族团结图存的基础。如果缺乏这种文化，其国家必定缺少生命的质素，其民族必然要被淘汰，一个国家形式上的灭亡，不过是最后的结局，必定是由于民族文化和民族精神先告衰亡。所以今日中国的危机，不仅是政治社会的腐败，而最要者却在于没有一种整个的民族文化，足以振起整个的民族精神。

我们知道：民族文化乃民族精神的表现；而民族文化之寄托，当然以国立大学为最重要。英国近代的哲学家荷尔丹（Lord Haldane）曾说："在大学里一个民族的灵魂，才反照出自己的真相。"可见创立民族文化的使命，大学若不能负起来，便根本失掉大学存在的意义；更无法可以领导一个民族在文化上的活动。一个民族要是不能在文化上努力创造，一定要趋于灭亡，被人取而代之的。正所谓"子有延内，勿洒勿扫，子有钟鼓，勿鼓勿考，宛其死矣，他人是保。"其影响所及，不仅使民族的现身因此而自取灭亡，并且使这民族的后代，要继续创造其民族文化，也不一定为其他民族所允许的。从另一方面看，若是一个民族能努力建设其本身的文化，则虽经重大的危险，非常的残破，也终究可以复兴。积极的成例，就是拿破仑战争以后，普法战争以前的德意志民族。我常想今日中国的国情，正和当日德意志的情形相似。德国当时分为许多小邦，其内部的不统一，比我们恐怕还有加无已；同时法军压境，莱茵河一带俱分离而受外国的统治。这点也和我们今日的情形，不相上下。当时德意志民族历此浩劫还能复兴，据研究历史的人考察，乃由于三种伟大的力量：第一种便是政治的改革，当时有斯坦（Stein）、哈登堡（Hardenberg）一般人出来把德国的政治改革，确立公务员制度，增进行政效能，使过去政治上种种分歧割裂散漫无能的缺点，都能改善过来。第二种是军事的改革，有夏因何斯弟（Scharnhorst）和格莱斯劳（Gneisnau）一般人出来将德国的军政整理，特别是将征兵制度确立，并使军事方面各种准备充实，以为后来抵御外侮得到成功的张本。第三种便是民族文化的创立，这种力量最伟大，其影响最普遍而深宏，其具体化的表现便靠冯波德（Willelm von Hunbaldt）创立的柏林大学，和柏林大学哲学教授菲希特（Fichte）一般人，对于德国民族精神再造的工作。所以现代英国著名的历史家顾诗（G. P. Gooch）认定创立柏林大学的工作，不仅是德国历史上重要的事，并且是全欧洲历史上重要的事。尤能使我们佩服的便是当年柏林大学的精神。在当时法军压境，内部散乱的情况之下，德国学者居然能够在危城之中讲学，以创立德意志民族文化为己任。菲希特于一八〇七年至一八〇八年间在他对德意志民族讲演里说："我今天乃以一个德意志人的资格向全德意志民族讲话，将这个单一的民族中数百年来因种种不幸的事实所造成的万般差异，一扫而空。我对于你们在座的人说的话是为全体德意志民族而说的。"现在我们也需要如此，我们也要把历史上种种不幸事实所造成的所有差异，在这个民族存亡危迫的关头，一扫而空，从此开始新的努力。德意志民族的统一，就是由于这种整个的民族精神先打下了一个基础。最后俾士麦不过是收获他时代的成功。柏林大学却代表当时德意志民族的灵魂，使全德意志民族在柏林大学所创造的一个民族文化之下潜移默化而成为一个有机体的整个的组织。一个民族如果没有这种有机体的民族文化，决不能确立一个中心而凝结起来。所以我特别提出创造有机体的民族文化为本大学的使命，而热烈诚恳的希望大家为民族生存前途而努力！

讲到有机体的民族文化，我们不可不特别提到其最重要的两种含义：第一，必须大家具有复兴中华民族的共同意识。我们今日已临着生死的歧路口头，若是甘于从此灭亡，自然无话可说，不然，则惟有努力奋斗，死里求生，复兴我们的民族。我们每个人都应当在这个共同意识之下来努力。第二，必须使各部分文化的努力在这个共同的意识之下，成为互相协调的。若是各部分不能协调，则必至散漫无系统，弄到各部分互相冲突，将所有力量抵消。所以无论学文的、学理的、学工的、学农的、学法的、学教育的，都应当配合得当，精神一贯，步骤整齐，向着建立民族文化的共同目标迈进。中国办学校已若干年，结果因配置失宜，以致散漫杂乱，尤其是因为没有一个共同民族意识从中主宰，以致种种努力各不相谋，结果不仅不能收合作协进之功效，反至彼此相消，一无所成。现在全国大学教授及学生，本已为数有限，若是不能同在一个建设民族文化的目标之下努力，这是民族多大的一件损失？长此以往，必至减少，甚至消灭民族的生机。人家骂我们为无组织的国家，我们应当痛心。但是我们所感觉的不仅是政治的无组织，乃是整个的社会无组织，尤其是文化的无组织。今后我们要使中国成为有组织的国家，便要赶快创立起有组织的民族文化，就是有机体的民族文化。

我上面就德意志的史实来说明我们使命的重要，并不是要大家学所谓"普鲁士主义"，而是要大家效仿他们那种从文化上创造独立民族精神的努力！

我们若要负得起上面所说的使命，必定要先养成新的学风。无论校长教职工职员学生都要努力于移转风气。由一校的风气，转移到全国的风气。事务行政固不可废，但是我们办学校，不是专为事务行政而来的，不是无目的去做的。若是专讲事务，那最好请洋行买办来办大学，何必需要我们？我们要认识，我们必有高尚的理想做我们的努力的目标，认定理想的成功比任何个人的成功还大。个人任何牺牲，若是为了理想，总还值得。必须能够养成新的学风，我们的使命乃能达到。

我们要养成新的学风,尤须先从矫正时弊着手。本人诚恳地提出"诚朴雄伟"四字,来和大家互相勉励。所谓"诚",即谓对学问要有诚意,不以它为升官发财的途径,不以它为取得文凭资格的工具。对于我们的使命更要有诚意,不作无目的的散漫动作,坚定地守着认定的目标去做。要知道从来成大功业、成大学问的人莫不由于备尝艰苦、锲而不舍地做出来的。我们对学问如无诚意,结果必至学问自学问,个人自个人。现在一般研究学术的都很少诚于学问。看书也好,写文章也好,都缺少对于学问的负责的态度。试问学术界习气如此,文化焉得而不堕落?做事有此习气,事业焉得而不败坏?所以我们以后对于学问事业应当一本诚心去做,至于人与人之间应当以诚相见,那更用不着说了。

其次讲到"朴"。"朴"就是质朴和朴实的意思。现在一般人皆以学问做门面,作装饰,尚纤巧,重浮华;很难看到埋头用功,不计功利,在实际学问上作远大而艰苦的努力者。在出版界,我们只看到一些时髦的小册子,短文章,使青年的光阴虚耗在这里,青年的志气也消磨在这里,多可痛心。从前讲朴学的人,每著一书,往往费数十年;每学一理,往往参证数十次。今日做学问的和著书的,便不同了。偶有所得,便惟恐他人不知;即无所得,亦欲强饰为知。很少肯从笃实笨重上用功的,这正是庄子所谓"道隐于小成,言隐于荣华"的弊病。我们以后要体念"几何学中无王者之路"这句话。须知一切学问之中皆无"王者之路'。崇实而用笨功,才能树立起朴厚的学术气象。

第三讲到"雄"。今日中国民族的柔弱萎靡,非以"雄"字不能挽救。"雄"就是"大雄无畏"的雄。但是雄厚的气魄,非经相当时间的培养蕴蓄不能形成。我们看到好战者必无大勇,便可觉悟到若是我们要雄,便非从"善养吾浩然之气"着手不可。现在中国一般青年，每每流于单薄脆弱，这种趋势在体质上更是明白的表现出来。中国古代对于民族体质的赞美很可以表现当时一般的趋向。譬如《诗经》恭维男子的美便说他能"袒裼暴虎，献于公所"，或是"赳赳武夫，公候干城"。恭维女子的美便说他是"硕人欣欣"。到汉朝还找得出这种审美的标准。唐朝龙门的造象，也还可以表现这种风尚。不知如何从宋朝南渡以后，受了一个重大的军事打击，便萎靡不振起来。陆放翁"老子犹堪绝大汉，诸君何至泣新亭"的诗句，虽强作豪气，却已早成强弩之末。此后讲到男子的标准，便是"有情芍药含着泪，无力蔷薇卧晓枝"一流的人。讲到女子的标准，便是"帘卷西风，人比黄花瘦"一流的人。试问时尚风习至此，民族焉得而不堕落衰微？今后吾人总要以"大雄无畏"相尚，挽转一切纤细娇弱的颓风。男子要有丈夫气，女子要无病态。不作雄健的民族，就是衰亡的民族。

第四讲到"伟"。说到"伟"便有伟大崇高的意思。今日中国人做事，往往缺乏一种伟大的意境，喜欢习于小巧。即论文学的作风，也从没有看见谁敢尝试大的作品，如但丁的神曲，歌德的浮士德；只是以短诗小品文字相尚。我们今后总要集中精力，放开眼光，努力做出几件伟大的事业，或是完成几件伟大的作品。至于一般所谓门户之见，尤不应当。到现在民族危亡的时候，大家岂可不放开眼光，看到整个民族文化的命运，而还是故步自封，怡然自满？我们只要看到整个民族存亡的前途，一切狭小的偏见都可消灭。我们切不可偏狭纤巧，凡事总须从伟大的方向做去，民族方有成功。

我们理想的学风，大致如此。虽然一时不能做到，也当存"高山仰止，景行行止"的心愿。若要大学办好，学校行政自然不能偏废，因为大学本身也是有机体的。讲到学校行政，不外教务行政和事务行政两方面。关于前者，有四项可以提出：第一要准备学术环境，多请学者讲学。原在本校有学问的教授，自当请其继续指教，外面好的学者也当设法增聘。学校方面，应当准备一个很好的精神和物质环境，使一般良好的教授都愿意聚集本校讲学，倡导一种新的学风，共同努力民族文化的建设。在学生方面，总希望大家对于教授有很好的礼貌。尊师重道，学者方能来归。

第二是注重基本课程，让学生集中精力去研究。我们看到国内大学的通病，都是好高骛远，所开课程比外国各大学更要繁杂，更要专门，但是结果适得其反。我们以后总要集中精力，贯注在几门基本的课程上，务求研究能够透彻，参考书能看得多。研究的工具自然也要先准备充足，果能如此，则比开上名目繁多的课程，反使学者只能得到东鳞西爪的知识的那般现象，岂不更为实在，更有益处？

第三是要提高程度。这当然是必要的，但我们如果能做到上面两头，则程度也自然提高了。我们准备充实主要的课程，循序渐进，以达到从事高深研究的目标。

第四是增加设备。中大此前行政费漫无限度，不免许多浪费，所以设备方面，自难扩充。我们以后必须在这点上极力改革，节省行政费来增加设备费。这是本人从办清华大学以来一贯的政策。

讲到学校事务行政，自然同属重要。现在可以提出三点来说：

第一是厉行节约，特别是注重在行政费的缩减。要拿公家的钱来浪费，来为自己做人情，是很容易的事。现在要节约起来，一定会引起多方面不快之感。这点我是不暇多顾的，要向大家预先说明。

第二是要力持廉洁。我现在预备确立全校的会计制度，使任何人无从作弊，并且要使任何主管者也无从作弊。本校的经费，行政院允许极力维持，将来无论如何，我个人总始终愿与全校教职员同甘苦。大家都养成廉俭的风气，以为全国倡。

第三要增加效能。过去人员过多，办事效能并不见高。我们以后预备少用人，多做事，总希望从合理化的事务管理中，获得最大的行政效能。使每一个人员能尽最大的努力，每一文经费获得最经济的使用。

本人自九月五日方才视事，不及一月，而十月三日即已开学，十一日已全校上课，在此仓猝时间自然有着种种事实上的困难，使许多事未能尽如外人和本人的愿望。这种受时间限制的缺陷，希望大家能够有同情的谅解，不过今天居然能全部整齐开学上课，也是一件不容易而可以欣幸的事。希望以全校的努力把中大这个重要的学术机关，一天一天的引上发展的轨道，以从事于有机体的中国民族文化的创造。我们正当着民族生死的关头，开始我们的工作，所以更要认清我们的使命，时刻把民族的存亡一个念头存在胸中，成为一种内心的推动力；只有这种内心的推动力才能继续不断的创造有机体的民族文化，以完成复兴中国民族的伟大事业。愿中央大学担负复兴民族的参谋本部的责任。这是本人一种热烈而诚恳的希望。

情圣杜甫

梁启超

梁启超（1873～1929），字卓如，号任公，又号饮冰室主人。中国近代资产阶级著名改良主义政治家，启蒙宣传家。1914年，梁启超在清华建校三周年演讲中，引用《易经》"天行健，君子以自强不息；地势坤，君子以厚德载物。"的话来勉励清华学生要做君子，树立完整人格。此后，清华即把"自强不息，厚德载物"八字定为校训。梁启超是民初清华大学国学四大导师之一，也是著名的新闻报刊活动家。其著作编为《饮冰室全集》。

一

今日承诗学研究会嘱托讲演，可惜我文学素养很浅薄，不能有什么新贡献，只好把咱们家里老古董搬出来和诸君摩挲一番，题目是《情圣杜甫》。在讲演本题以前，有两段话应该简单说明：

第一，新事物固然可爱，老古董也不可轻轻抹杀。内中艺术的古董，尤为有特殊价值。因为艺术是情感的表现，情感是不受进化法则支配的；不能说现代人的情感一定比古人优美，所以不能说现代人的艺术一定比古人进步。

第二，用文字表出来的艺术——如诗词歌剧小说等类，多少总含有几分国民的性质。因为现在人类语言未能统一，无论何国的作家，总须用本国语言文字做工具；这副工具操练得不纯熟，纵然有很丰富高妙的思想，也不能成为艺术的表现。

我根据这两种理由，希望现代研究文学的青年，对于大国二千年来的名家作品，着实费一番工夫去赏会他。那么，杜工部自然是首屈一指的人物了。

二

杜工部被后人叫做"诗圣"。诗怎么样才算"圣"，标准很难确定，我们也不必轻轻附和。我以为工部最少可以当得起情圣的徽号，因为他的情感的内容，是极丰富的、极真实的、极深刻的。他表情的方法又极熟练，能鞭辟到最深处，能将他全部完全反映不走样子，能像电气一般，一振一荡地打到别人的心弦上。中国文学界写情圣手，没有人比得上他，所以我叫他做情圣。

我们研究杜工部，先要把他所生的时代和他一生经历略叙梗概，看出他整个的人格。两晋六朝几百年年间，可以说是中国民族混成时代。中原被异族侵入，搀杂许多新民族的血；江南则中原原旧家次第迁渡，把原住民的文化提高了。当时文艺上南北派的痕迹显然，北派直率悲壮，南派整齐柔婉，在古乐府里头，最可以看出这分野。唐朝民族化合后，政治上统一，影响及于文艺，自然会把两派特性合冶一炉，形成大民族的新美。初唐是黎明时代，盛唐正是成熟时代。内中玄宗开元间四十年太平，正孕育出中国艺术史上黄金时代。到天宝之乱，黄金忽变为黑灰。时事变迁之剧，未有其比。当时蕴蓄深厚的文学界，受了这种激刺，益发波澜壮阔。杜工部正是这个时代的骄儿。他是河南人，生当玄宗开元之初。早年漫游四方，大河以北都有他足迹，同时大文学家李太白高达夫都是他的挚友。中年值安禄山之乱，从贼中逃出，跑到甘肃的灵武谒见肃宗，补了个"拾遗"的官，不久告假回家。又碰着饥荒，在陕西的同谷县几乎饿死。后来流落到四川，依一位故人严武。严武死后，四川又乱。他避难到湖南，在路上死了。他有两位兄弟一位妹子，都因离乱难得见面。他和他的夫人也常常隔离，他一个小儿子，因饥荒饿死，两个大儿子，晚年跟着他在四川。他一生简单的经历大略如此。

他是一位极热肠的人，又是一位极有脾气的人。从小便心高气傲，不肯趋承人。他的诗道：

"以兹悟生理，独耻事干谒。"（《奉先咏怀》）

又说：

"白鸥没浩荡，万里谁能驯。"（《赠韦左丞》）

可以见他的气概。严武做四川节度，他当无家可归的时候去投奔他，然而一点不肯趋承将就，相传有好几回冲撞严武，几乎严武容他不下哩。他集中有一首诗，可以当他人格的象征：

"绝代有佳人；幽居在空谷。自言良家子，零落依草木。……在山泉水清，出山泉水浊。侍婢卖珠回，牵萝补茅屋。摘花不插鬓，采柏动盈掬。天寒翠袖薄，日暮倚修竹。"（《佳人》）这位佳人，身份是非常名贵的，境遇是非常可怜的，情绪是非常温厚的，性格是非常高亢的，这便是他本人自己的写照。

三

他是个最富于同情心的人。他有两句诗：

"穷年忧黎元，叹息肠内热。"（《奉先咏怀》）

这不是瞎吹的话，在他的作品中，到处可以证明。这首诗底下便有两段说：

"彤庭所分帛，本自寒女出。鞭挞其夫家，聚敛贡城阙。"（同上）

又说：

"况闻内金盘,尽在卫霍室。中堂舞神仙,烟雾散玉质。暖客貂鼠裘,悲管逐清瑟。劝客驼蹄羹,霜橙压香橘。朱门酒肉臭,路有冻死骨。……"(同上)

这种诗几乎纯是现代社会党的口吻。他做这诗的时候,正是唐朝黄金时代,全国人正在被镜里雾里的太平景象醉倒了。这种景象映到他的眼中,却有无限悲哀。

他的眼光,常常注视到社会最下层,这一层的可怜人那些状况,别人看不出,他都看出;他们的情绪,别人传不出,他都传出。他著名的作品《三吏》、《三别》,便是那时代社会状况最真实的影戏片。《垂老别》的:

"老妻卧路啼,岁暮衣裳单,孰知是死别,且复伤其寒。此去必不归,还闻劝加餐。"

《新安吏》的:

"肥男有母送,瘦男独伶俜。白水暮东流,青山犹哭声。

莫自使眼枯,收汝泪纵横。眼枯即见骨,天地终无情。"

《石壕吏》的:

"三男邺城戍。一男附书至,二男新战死。存者且偷生,死者长已矣。"

这些诗是要作者的精神和那所写之人的精神并合为一,才能做出。他所写的是否他亲闻亲见的事实,抑或他脑中创造的形象,且不管他;总之他做这首《垂老别》时,他已经化身做那位六七十岁拖去当兵的老头子,做这首《石壕吏》时,他已经化身做那位儿女死绝衣食不给的老太婆,所以他说的话,完全和他们自己说一样。

他还有《戏呈吴郎》一首七律,那上半首是:

"堂前扑枣任西邻,无食无儿一妇人。不为家贫宁有此,只缘恐惧转须亲。"

这首诗,以诗论,并没什么好处,但叙当时一件琐碎实事——一位很可怜的邻舍妇人偷他的枣子吃。因那人的惶恐，把作者的同情心引起了。这也是他注意下层社会的证据。

有一首《缚鸡行》，表出他对于生物的泛爱，而且很含些哲理：

"小奴缚鸡向市卖，鸡被缚急相喧争。家人厌鸡食虫蚁，未知鸡卖还遭烹。虫鸡于人何厚薄，吾叱奴人解其缚。鸡虫得失无时了，注目寒江倚山阁。"

有一首《茅屋为秋风所破歌》，结尾几句说道：

"……安得广厦千万间，大庇天下寒士俱欢颜。风雨不动安如山。呜呼！何时眼前突兀见此屋，吾庐独破受冻死亦足。"

有人批评他是名士说大话，但据我看来，此老确有这种胸襟，因为他对于下层社会的痛苦看得真切，所以常把他们的痛苦当作自己的痛苦。

四

他对于一般人如此多情，对于自己有关系的人更不待说了。我们试看他对朋友：那位因陷贼贬做台州司户的郑虔，他有诗送他道：

"……便与先生应永诀，九重泉路尽交期。"

又有诗怀他道：

"天台隔三江，风浪无晨暮。郑公纵得归，老痛不识路。……"（《有怀台州郑十八司户》）

那位因附永王璘造反长流夜郎的李白，他有诗梦他道：

"死别已吞声，生别常恻恻。江南瘴疠地，逐客无消息。故人入我梦，明我长相忆。恐非平生魂，路远不可测。魂来枫林青，魂返关塞黑。君今在罗网，何以有羽翼。落月满屋梁，犹疑照颜色。水深波浪阔，毋使蛟龙得。"（《梦李白》二首之一）

这些诗不是寻常应酬话，他实在拿郑李等人当一个朋友，对于他们的境遇。所感痛苦和自己亲受一样，所以做出来的诗句句都带血带泪。

他集中想念他兄弟和妹子的诗，前后有二十来首，处处至性流露。最沉痛的如《同谷七歌》中：

"有弟有弟在远方，三人各瘦何人强，生别展转不相见，胡尘暗天道路长。前飞驾鹅后鹙鸧，安得送我置汝旁。呜呼！三歌兮歌三发，汝归何处收兄骨。"

"有妹有妹在钟离，良人早没诸孤痴。长淮浪高蛟龙怒，十年不见来何时。扁舟欲往箭满眼，杳杳南国多旌旗。呜呼！四歌兮歌四奏，林猿为我啼清昼。"

他自己直系的小家庭，光景是很困苦的，爱情却是秾挚的。他早年有一首思家诗：

"今夜鄜州月，闺中只独看。遥怜小儿女，未解忆长安。香雾云鬟湿，清辉玉臂寒。何时倚虚幌，双照泪痕干。"（《月夜》）

这种缘情绮旎之作，在集中很少见，但这一首已可证明工部是一位温柔细腻的人。他到中年以后，遭值多难，家属离合，经过不少的酸苦。乱前他回家一次，小的儿子饿死了。他的诗道：

"……老妻寄异县，十口隔风雪。谁能久不顾，庶往共饥渴。入门闻号咷，幼子饿已卒。吾宁舍一哀，里巷亦呜咽。所愧为人父，无食致夭折。……"（《奉先咏怀》）

乱后和家族隔绝，有一首诗：

"去年潼关破，妻子隔绝久。……自寄一封书，今已十月后。反畏消息来，寸心亦何有。……"（《述怀》）

其后从贼中逃归，得和家族团聚，他有好几首诗写那时候的光景：《羌村》三首中的第一首：

"峥嵘赤云西，日脚下平地。

柴门鸟雀噪，归客千里至。

妻孥怪我在，惊定还拭泪。
世乱遭飘荡，生还偶然遂。
邻人满墙头，感叹亦欷歔。
夜阑更秉烛，相对如梦寐。"

《北征》里头的一段：

"况我堕胡尘，及归尽华发。
经年至茅屋，妻子衣百结。
恸哭松声回，悲泉共幽咽。
平生所娇儿，颜色白胜雪；
见耶背面啼，垢腻脚不袜。
床前两小女，补绽才过膝；
海图坼波涛，旧绣移曲折；
天吴及紫凤，颠倒在裋褐。
老夫情怀恶，呕泄卧数日。
那无囊中帛，救汝寒凛栗！
粉黛亦解苞，衾裯稍罗列。
瘦妻面复光，痴女头自栉；
学母无不为，晓妆随手抹；
移时施朱铅，狼藉画眉阔。
生还对童稚，似欲忘饥渴。
问事竟挽须，谁能即嗔喝。
翻思在贼愁，甘受杂乱聒。"

其后挈眷避乱，路上很苦。他有诗追叙那时情况道：

"忆昔避贼初，北走经险艰。夜深彭衙道，月照白水山。尽室久徒步，逢人多厚颜。……痴女饥咬我，啼畏虎狼闻。怀中掩其口，反侧声愈嗔。小儿强解事，故索苦李餐。一旬半雷雨，泥泞相牵攀。……"（《彭衙行》）他合家避乱到同谷县山中，又遇着饥荒，靠草根

木皮活命,在他困苦的生涯中,当以这时候为最甚。他的诗说:

"长镵长镵白木柄,我生托子以为命。

黄独无苗山雪盛,短衣数挽不掩胫。

此时与子空归来,男呻女吟四壁静。

……"(《同谷七歌》之二)

以上所举各诗写他自己家庭状况,我赞他起个名字叫做"半写实派"。他处处把自己主观的情感暴露,原不算写实派的做法。但如《羌村》、《北征》等篇,多用第三者客观的资格,描写所观察得来的环境和别人情感,从极琐碎的断片详密刻画,确是近世写实派用的方法,所以可叫做半写实。这种做法,在中国文学史上,虽不敢说是杜工部首创,却可以说是杜工部用得最多而最妙。从前古乐府里头,虽然有些,但不如工部之描写入微。这类诗的好处在:真事愈写得详,真情愈发得透。我们熟读它,可以理会得"真即是美"的道理。

五

杜工部的"忠君爱国",前人恭维他的很多,不用我再添话。他集中对于时事痛哭流涕的作品,差不多占四分之一,若把他分类研究起来,不惟在文学上有价值,而且在史料上有绝大价值。为时间所限,恕我不征引了。内中价值最大者,在能确实描写出社会状况,及能确实讴吟出时代心理。刚才举出半写实派的几首诗,是集中最通用的做法,此外还有许多是纯写实的。试举他几首:

"献凯日继踵,两藩静无虞。渔阳豪侠地,击鼓吹笙竽。云帆转辽海,粳稻来东吴。越罗与楚练,照耀舆台躯。主将位益崇,气骄凌上都。边人不敢议,议者死路衢。"(《后出塞》五首之四)

读这些诗,令人立刻联想到现在军阀的豪奢专横——尤其逼肖奉、直战争前张作霖的状况。最妙处是不著一个字批评,但把客观事实直写。自然会令读者叹气或瞪眼。又如《丽人行》那首七古，全首将近二百字的长篇，完全立在第三者地位观察事实。从"三月三日天气新"到"青鸟飞去衔红巾"，占全首二十六句中之二十四句，只是极力铺叙那种豪奢热闹情状，不惟字面上没有讥刺痕迹，连骨子里头也没有。直至结尾两句：

"炙手可热势绝伦，慎勿近前丞相嗔。"

算是把主意一逗。但依然不著议论，完全让读者自去批评。

这种可以说讽刺文学中之最高技术。因为人类对于某种社会现象之批评，自有共同心理，作家只要把那现象写得真切，自然会使读者心理起反应，若把读者心中要说的话，作者先替他倾吐无余，那便索然寡味了。杜工部这类诗，比白香山，《新乐府》高一筹，所争就在此。《石壕吏》、《垂老别》诸篇，所用技术，都是此类。

工部的写实诗，十有九属于讽刺类。不独工部为然，近代欧洲写实文学，哪一家不是专写社会黑暗方面呢？但杜集中用写实法写社会优美方面的亦不是没有。如《遭田父泥饮》那篇：

"步屧随春风，村村自花柳。田翁逼社日，邀我尝春酒。酒酣夸新尹，畜眼未见有。回头指大男，'渠是弓弩手。名在飞骑籍，长番岁时久。前日放营农，辛苦救衰朽。差科死则已，誓不举家走。今年大作社，拾遗能住否？'叫妇开大瓶，盆中为吾取。……高声索果栗，欲起时被肘。指挥过无礼，未觉村野丑。月出遮我留，仍嗔问升斗。"

这首诗把乡下老百姓极粹美的真性情，一齐活现。你看他父子夫妇间何等亲热；对于国家的义务心何等郑重；对于社交，何等爽快何等恳切。我们若把这首诗当个画题，可以把篇中各人的心理从面孔上传出，便成了一幅绝好的风俗画。我们须知道：杜集中关于时事的诗，以这类为最上乘。

六

　　工部写情，能将许多性质不同的情绪，归拢在一篇中，而得调和之美。例如《北征》篇，大体算是忧时之作。然而"青云动高兴，幽事亦可悦"以下一段，纯是玩赏天然之美。"夜深经战场，寒月照白骨"以下一段，凭吊往事。"况我堕胡尘"以下一大段，纯写家庭实况，忽然而悲，忽然而喜。"至尊尚蒙尘"以下一段，正面感慨时事，一面盼望内乱速平，一面又忧虑到凭借回鹘外力的危险。"忆昨狼狈初"以下到篇末，把过去的事实，一齐涌到心上。像这许多杂乱情绪迸在一篇，调和得恰可，非有绝大力量不能。

　　工部写情，往往愈拶愈紧，愈转愈深，像《哀王孙》那篇，几乎一句一意，试将现行新符号去点读他，差不多每句都须用"。"符或"；"符。他的情感，像一堆乱石，突兀在胸中，断断续续地吐出，从无条理中见条理，真极文章之能事。

　　工部写情，有时又淋漓尽致一口气说出，如八股家评语所谓"大开大合"。这种类不以曲折见长，然亦能极其美。集中模范的作品，如《忆昔行》第二首，从"忆昔开元全盛日"起到"叔孙礼乐萧何律"止，极力追述从前太平景象，从社会道德上赞美，令意义格外深厚。自"岂闻一缣直万钱"到"复恐初从乱离说"，翻过来说现在乱离景象，两两比对，令读者胆战肉跃。

　　工部还有一种特别技能，几乎可以说别人学不到：他最能用极简的语句，包括无限情绪，写得极深刻。如《喜达行在所》三首中第三首的头两句：

　　"死去凭谁报，归来始自怜。"

　　仅仅十个字，把十个月内虎口余生的甜酸苦辣都写出来，这是何等魄力。又如前文所引《述怀》篇的"反畏消息来"五个字，写乱离中担心家中情状，真是惊心动魄。又如《垂老别》里头：

"势异邺城下，纵死时犹宽。"

死是早已安排定了，只好拿期限长些作安慰，（原文是写老妻送行时语）这是何等沉痛。又如前文所引的：

"郑公纵得归，老病不识路。"

明明知道他绝对不得归了，让一步虽得归，已经万事不堪回首。此外如：

"带甲满天地，胡为君远行。""万方同一概，吾道竟何之。"（《秦州杂诗》）

"国破山河在，城春草木深。""亲朋无一字，老病有孤舟。"（《登岳阳楼》）

"古往今来皆涕泪，断肠分手各风烟。"（《公安送韦二少府》）之类，都是用极少的字表极复杂极深刻的情绪。他是用洗练工夫用得极到家，所以说："语不惊人死不休。"此其所以为文学家的文学。

悲哀愁闷的情感易写，欢喜的情感难写。古今作家中，能将喜情写得逼真的，除却杜集《闻官军收河南河北》外，怕没有第二首。那诗道：

"剑外忽闻收蓟北，初闻涕泪满衣裳。却看妻子愁何在，漫卷诗书喜欲狂。白日放歌须纵酒，青春结伴好还乡。即从巴峡穿巫峡，便下襄阳到洛阳。"

那种手舞足蹈情形，从心坎上奔迸而出，我说他和《古乐府的公无渡河》是同一样笔法。彼是写忽然剧变的悲情，此是写忽然剧变的喜情，都是用快光镜照相照得的。

七

工部流连风景的诗比较少，但每有所作，一定于所咏的景物观察入微，便把那景物做象征，从里头印出情绪。如：

"竹凉侵卧内，野月满庭隅。重露成涓滴，稀星乍有无。暗飞萤自照，水宿鸟相呼。万事干戈里，空悲清夜徂。"（《倦夜》）

题目是"倦夜"，景物从初夜写到中夜后夜，是独自一个人有心事睡不着疲倦无聊中所看出的光景，所写环境，句句合心理反应。又如：

"风急天高猿啸哀，渚清沙白鸟飞回。无边落木萧萧下，不尽长江滚滚来。……"（《登高》）

虽然只是写景，却有一位老病独客秋天登高的人在里头。便不读下文"万里悲秋常作客，百年多病独登台"两句，已经如见其人了。又如：

"细草微风岸，危樯独夜舟。星垂平野阔，月涌大江流。……"（《旅夜书怀》）

从寂寞的环境上领略出很空阔很自由的趣味。末两句说："飘飘何所似，天地一沙鸥。"把情绪一点便醒。

所以工部的写景诗，多半是把景做表情的工具。像王、孟、韦、柳的写景，固然也离不了情，但不如杜之情的分量多。

八

诗是歌的笑的好呀，还是哭的叫的好？换一句话说：诗的任务在赞美自然之美呀，抑在呼诉人生之苦？再换一句话说：我们应该为做诗而做诗呀，抑或应该为人生问题中某项目的而做诗？这两种主张，各有极强的理由。我们不能作极端的左右袒，也不愿作极端的左右袒。依我所见，人生目的不是单调的，美也不是单调的。为爱美而爱美，也可以说为的是人生目的，因为爱美本来是人生目的的一部分。诉人生苦痛，写人生黑暗，也不能不说是美。因为美的作用，不外令自己或别人起快感；痛楚的刺激，也是快感之一，例如肤痒的人，用手抓到出血，越抓越快。像情感怎么热烈的杜工部，他的作品，自然是刺激性极强，近于哭叫人生目的那一路：主张人生艺术观的人，固然要读他。但还要知道：他的哭声，是三板一眼地哭出来，节节含着真美；主张唯美艺术观的人，也非读他不可。我很惭愧：我的艺术素养浅薄，这篇讲演，不能充分发挥情圣作品的价值；但我希望这位情圣的精神，和我们的语言文字同其寿命；尤盼望这种精神有一部分注入现代青年文学家的脑里头。

屈原研究

梁启超

中国文学家的老祖宗，必推屈原。从前并不是没有文学，但没有文学的专家。如《三百篇》及其它古籍所传诗歌之类，好的固不少；但大半不得作者名，而且篇幅也很短。我们读这类作品，顶多不过可以看出时代背景或时代思潮的一部分。欲求表现个性的作品，头一位就是研究屈原。

屈原的历史，在《史记》里头有一篇很长的列传，算是我们研究史料的人可欣慰的事。可惜议论太多，事实仍少。我们最抱歉的，是不能知道屈原生卒年岁和他所享年寿。据传文大略推算，他该是西纪前三三八至二八八年间的人，年寿最短亦应在五十上下。和孟子、庄子、赵武灵王、张仪等人同时。他是楚国贵族，贵族中最盛者昭、屈、景三家，他便是三家中之一。他曾做过"三闾大夫"。据王逸说："三闾之职，掌王族三姓，曰昭、屈、景。屈原序其谱属，率其贤良，以厉国士。"然则他是当时贵族总管了。他曾经得楚怀王的信用，官至"左徒"。据本传说："入则与王图议国事，以出号令；出则接宾客，应对诸侯，王甚任之。"可见他在政治上曾占很重要的位置。其后被上官大夫所谗，怀王疏了他。怀王在位三十年，西纪前三二八至二九七屈原做左徒，不知是那年的事，但最迟亦在怀王十六年前三一二以前。因那年怀王受了秦相张仪所骗，已经是屈原见疏之后了。假定屈原做左徒在怀王十年前后，那时他的年纪最少亦应二十岁以上，所以他的生年，不能晚于西纪前三三八年。屈原在位的时候，楚国正极强盛，屈原的政策，大概是主张联合六国，共摈强秦，保持均势，所以虽见疏之后，还做过齐国公使。可惜怀王没有主意，时而摈秦，时而联秦，任凭纵横家摆弄。卒至"兵挫地削，亡其六郡，身客死于秦，为天下笑"。本传文怀王死了不到六十年，楚国便亡了。屈原当怀王十六年以后，政治生涯像已经完全断绝。其后十四年间，大概仍居住郢都武昌一带。因为怀王三十年将入秦之时，屈原还力谏，可见他和怀王的关系，仍是藕断丝连的。怀王死后，顷襄王立，前二九八年屈原的反对党越发得志，便把他放逐到湖南地方去，后来竟闹到投水自杀。

屈原什么时候死呢？据《卜居》篇说："屈原既放，三年不得复见。"《哀郢》篇说："忽若不信兮，至今九年而不复。"

假定认这两篇为顷襄王时作品，则屈原最少当西纪前二八八年仍然生存。他脱离政治生活专做文学生活，大概有二十来年的日月。

屈原所走过的地方有多少呢？他著作中所见的地名如下：

令沅湘兮无波，
使江水兮安流。
遵吾道兮洞庭。
望涔阳兮极浦。
遗余佩兮澧浦。

右《湘君》

洞庭波兮木叶下。
沅有芷兮澧有兰。
遗余褋兮澧浦。

右《湘夫人》

哀南夷之莫吾知兮，
旦余济乎江湘。
乘鄂渚而反顾兮。

邸余车兮方林。

乘舲船余上沅兮。

朝发枉陼兮，夕宿辰阳。

入溆浦余儃徊兮，

迷不知吾之所如。

深林杳以冥冥兮，

乃猿狖之所居。

山峻高以蔽日兮，

下幽晦以多雨。

霰雪纷其无垠兮，

云霏霏而承宇。

            右《涉江》

发郢都而去闾兮。

过夏首而西浮兮，

顾龙门而不见。

背夏浦而西思兮。

惟郢路之辽远兮，

江与夏之不可涉。

            右《哀郢》

长濑湍流，沂江潭兮。

狂顾南行，聊以娱心兮。

低徊夷犹，宿北姑兮。

            右《抽思》

浩浩沅湘，纷流汩兮。

            右《怀沙》

遵江夏以娱忧。

            右《思美人》

指炎神而直驰兮，吾将往乎南疑。

右《远游》

路贯庐江兮左长薄。

右《招魂》

内中说郢都，说江夏，是他原住的地方，洞庭湘水，自然是放逐后常来往的，都不必多考据。最当注意者，《招魂》。

说的"路贯庐江今左长薄"，像江西庐山一带，也曾到过。但《招魂》完全是浪漫的文学，不敢便认为事实。《涉江》一篇，含有纪行的意味，内中说"乘舲船余上沅"，"朝发枉渚，夕宿辰阳"，可见他曾一直溯着沅水上游，到过辰州等处。他说的"峻高蔽日，霰雪无垠"的山，大概是衡岳最高处了。他的作品中，像"幽独处乎山中""山中人兮芳杜若"，这一类话很多。我想他独自一人在衡山上过活了好些日子，他的文学，看来就在这个时代大成的。

最奇怪的一件事，屈原家庭状况如何，在本传和他的作品中，连影子也看不出。《离骚》有"女媭之婵媛兮，申申其詈余"两语。王逸注说："女媭，屈原姊也。"这话是否对，仍不敢说。就算是真，我们也仅能知道他有一位姐姐，其余兄弟妻子之有无，一概不知。就作品上看来，最少他放逐到湖南以后过的都是独身生活。

二

我们把屈原的身世大略明白了，第一步要研究那时候为什么会发生这种伟大的文学？为什么不发生于别国而独发生于楚国？何以屈原能占这首创的地位？第一个问题，可以比较的简单解答。因为当时文化正涨到最高潮，哲学勃兴，文学也该为平行线的发展。内中如《庄子》、《孟子》及《战国策》中所载各人言论，都很含有文学趣味。所以优美的文学出现，在时势为可能的。第二第三两个问题，关系较为复杂。

依我的观察，我们这华夏民族，每经一次同化作用之后，文学界必放异彩。楚国当春秋初年，纯是一种蛮夷，春秋中叶以后，才渐渐的同化为"诸夏"。屈原生在同化完成后约二百五十年。那时候的楚国人，可以说是中华民族里头刚刚长成的新分子，好像社会中才成年的新青年。从前楚国人，本来是最信巫鬼的民族，很含些神秘意识和虚无理想，像小孩子喜欢幻构的童话。到了与中原旧民族之现实的伦理的文化相接触，自然会发生出新东西来。这种新东西之体现者，便是文学。越国在当时文化史上之地位既已如此。至于屈原呢，他是一位贵族，对于当时新输入之中原文化，自然是充分领会。

他又曾经出使齐国，那时正当"稷下先生"数万人日日高谈宇宙原理的时候，他受的影响，当然不少。他又是有怪脾气的人，常常和社会对抗。后来被逐到南荒，在那种变化诡异的山水里头，过他的幽独生活，特别的自然界和特别的精神作用相击发，自然会产生特别的文学了。

屈原有多少作品呢？《汉书·艺文志·诗赋略》云："屈原赋二十五篇。"据王逸《楚辞章句》所列，则《离骚》一篇，《九歌》十一篇，《天问》一篇，《九章》九篇，《远游》一篇，《卜居》一篇，《渔父》一篇。尚有《大招》一篇，注云："屈原，或言景差。"然细读《大招》，明是摹仿《招魂》之作，其非出屈原手，象不必多辩。但别有一问题颇费研究者，《史记·屈原列传》赞云："余读《离骚》《天问》《招魂》《哀郢》，悲其志。"是太史公明认《招魂》为屈原作。然而王逸说是宋玉作。逸，后汉人，有何凭据，竟敢改易前说？大概他以为添上这一篇，便成二十六篇，与《艺文志》数目不符；他又想这一篇标题，像是屈原死后别人招他的魂，所以硬把他送给宋玉。依我看，《招魂》的理想及文体，和宋玉其他作品很有不同处，应该从太史公之说，归还屈原。然则《艺文志》数目不对吗？又不然。《九歌》末一篇《礼魂》，只有五句，实不成篇。《九歌》本信神之曲，十篇各侑一神；《礼魂》五句，当是每篇末后所公用。后人传钞贪省，便不逐篇写录，总摆在后头作结。王逸闹不清楚，把他也算成一篇，便不得不把《招魂》挤出了。我所想象若不错，则屈原赋之篇目应如下：

《离骚》一篇

《天问》一篇

《九歌》十篇：《东皇太一》、《云中君》、《湘君》、《湘夫人》、《大司命》、《少司命》、《东君》、《河伯》、《山鬼》、《国殇》。

《九章》九篇：《惜诵》、《涉江》、《哀郢》、《抽思》、《思美人》、《惜往日》、《橘颂》、《悲回风》、《怀沙》。

《远游》一篇

《招魂》一篇

《卜居》一篇

《渔父》一篇

今将二十五篇的性质，大略说明：

（一）《离骚》据本传，这篇为屈原见疏以后使齐以前所作，当是他最初的作品，起首从家世叙起，好像一篇自传。

篇中把他的思想和品格，大概都传出，可算得全部作品的缩影。

（二）《天问》王逸说："屈原……见楚先王之庙及公卿祠堂图画天地山川神灵琦玮僪佹，及古贤圣怪物行事，……因书其壁，呵而问之。"

我想这篇或是未放逐以前所作，因为"先王庙"不应在偏远之地。这篇体裁，纯是对于相传的神话发种种疑问，前半篇关于宇宙开辟的神话所起疑问，后半篇关于历史神话所起疑问。对于万有的现象和理法怀疑烦闷，是屈原文学思想出发点。

（三）《九歌》王逸说："沅湘之间，其俗信鬼而好祀，其祠必作乐鼓舞以乐诸神。屈原放逐，窜伏其域。……见其祠鄙陋，因为作《九歌》之曲，上陈事神之敬，下以见己之冤。"这话大概不错。"九歌"是乐章旧名，不是九篇歌，所以屈原作有十篇，这十篇含有多方面的趣味，是集中最"浪漫式"的作品。

（四）《九章》这九篇并非一时所作，大约《惜诵》、《思美人》两篇，似是放逐以前作；《哀郢》是初放逐时作；《涉江》是南迁极远时作；《怀沙》是临终作。其余各篇，不可深考。这九篇把作者思想的内容分别表现，是《离骚》的放大。

（五）《远游》王逸说："屈原履方直之行，不容于世。……章皇山泽，无所告诉。乃深惟元一，修执恬漠，思欲济世，则意中愤然。文采铺发，遂叙妙思，托配仙人，与俱游戏。周历天地，无所不到；然犹怀念楚国，思慕旧故。"我说：《远游》一篇，是屈原宇宙观人生观的全部表现。是当时南方哲学思想之现于文学者。

（六）《招魂》这篇的考证，前文已经说过。这篇和《远游》的思想，表面上似恰恰相反，其实仍是一贯。这篇讲上下四方，没有一处是安乐土，那么，回头还求现世物质的快乐怎么样呢？好吗？他的思想，正和葛得的《浮士特》《Goethe：Faust》剧上本一样，《远游》便是那剧的下本。总之这篇是写怀疑的思想历程最恼闷最苦痛处。

（七）《卜居》及《渔父》，《卜居》是说两种矛盾的人生观，《渔父》是表自己意志的抉择。意味甚为明显。

三

研究屈原，应该拿他的自杀做出发点。屈原为什么自杀呢？我说：他是一位有洁癖的人，为情而死。他是极诚专虑的爱恋一个人，定要和他结婚；但他却悬着着一种理想的条件，必要在这条件之下，才肯委身相事。然而他的恋人老不理会他！不理会他，他便放手，不完结吗？不不！他决然不肯！他对于他的恋人，又爱又憎，越憎越爱；两种矛盾日日交战；结果拿自己生命去殉那种"单相思"的爱情！他的恋人是谁？是那时候的社会。

屈原脑中，含有两种矛盾元素：一种是极高寒的理想，一种是极热烈的感情。《九歌》中《山鬼》一篇，是他用象征笔法描写自己人格。其文如下：

若有人兮山之阿，被薜荔兮带女萝。

既含睇兮又宜笑，予慕予兮善窈窕。

乘赤豹兮从文狸，辛夷车兮结桂旗；被石兰兮带杜蘅，折芳馨兮遗所思。

余处幽篁兮终不见天，路险艰兮独后来。

表独立兮山之上，云容容兮而在下；杳冥冥兮羌昼晦，东风飘兮神灵雨。

留灵脩兮憺忘归，岁既晏兮孰华予。

采三秀兮于山间，石磊磊兮葛蔓蔓；怨公子兮怅忘归，君思我兮不得闲。

山中人兮芳杜若，饮石泉兮荫松柏；君思我兮然疑作。

雷填填兮雨冥冥，猿啾啾兮狖夜鸣；风飒飒兮木萧萧，思公子兮徒离忧。

我常说：若有美术家要画屈原，把这篇所写那山鬼的精神抽显出来，便成绝作。他独立山上，云雾在脚底，用石兰、杜若种种芳草庄严自己，真所谓"一生地爱好是天然"，一点尘都染讦他不得。然而他的"心中风雨"，没有一时停息，常常向下界"所思"的人寄他万斛情爱。那人爱他与否，他都不管；他总说"君是思我"，不过"不得闲"罢了，不过"然疑作"他十二时中的意绪，完全在"雷填填、雨冥冥、风飒飒、木萧萧"里头过去。

他在哲学上有很高超的见解；但他决不肯耽乐幻想，把现实的人生丢弃。他说：

惟天地之无穷兮，哀人生之长勤。往者余弗及兮，来者吾不闻。

（《远游》）

他一面很达观天地的无穷，一面很悲悯人生的长勤，这两种念头，常常在脑里轮转，他自己理想的境界，尽够受用。他说：

道可受兮不可传。其小无内兮其大无垠，无滑而魂兮，彼将自然。一气孔神兮，于中夜存。虚以待之兮，无为之先。庶类以成兮，此德之门。

（《远游》）

这种见解，是道家很精微的所在；他所领略的，不让前辈的老聃和并时的庄周。他曾写那境界道：

经营四荒兮，周流六漠。上至列圉兮，降望大壑。下峥嵘而无地兮，上寥廓而无天。视儵忽而无见兮，听惝恍而无闻。超无为以至清兮，与泰初而为邻。

（《远游》）

然则他常住这境界翛然自得，岂不好吗？然而不能。他说：

余固知謇謇之为患兮，忍而不能舍也。

（《离骚》）

他对于现实社会，不是看不开，但是舍不得。他的感情极锐敏，别人感不着的苦痛，到他的脑筋里，便同电击一般。他说：

微霜降而下沦兮，悼芳草之先零。……谁可与玩斯遗芳兮，长向风而舒情。……

（《远游》）

又说：

惜吾不及见古人兮，吾谁与玩此芳草。

（《思美人》）

一朵好花落去，"干卿甚事？"但在那多情多血的人，心思便不知几多难受。屈原看不过人类社会的痛苦，所以他"长太息以掩涕兮，哀民生之多艰"。（《离骚》）

社会为什么如此痛苦呢？他以为由于人类道德堕落。所以说：

> 时缤纷其变易兮，又何可以淹留。兰芷变而不芳兮，荃蕙化而茅。何昔日之芳草兮，今直为此萧艾也！岂其有他故兮，莫好脩之害也。……固时俗之从流兮，又孰能无变化？览椒兰其若此兮，又况揭车与江蓠？
>
> 《离骚》

所以他在青年时代便下决心和恶社会奋斗。常怕悠悠忽忽把时光耽误了。他说：

> 汩余若将不及兮，恐年岁之不吾与。朝搴阰之木兰兮，夕揽洲之宿莽。日月忽其不淹兮，春与秋其代序。惟草木之零落兮，恐美人之迟暮。不抚壮而弃秽兮，何不改乎此度也。
>
> 《离骚》

要和恶社会奋斗，头一件是要自拔于恶社会之外。屈原从小便矫然自异，就从他外面服饰上可以见出。他说：

> 余幼好此奇服兮，年既老而不衰。带长铗之陆离兮，冠切云之崔巍。被明月兮珮宝璐，世溷浊而莫余知兮，吾方高驰而不顾。
>
> 《涉江》

又说：

> 高余冠之岌岌兮，长余佩之陆离。芳与泽其杂糅兮，唯昭质其犹未亏。
>
> 《离骚》

《庄子》说："尹文作为华山之冠以自表。"当时思想家作些奇异的服饰以表异于流俗，想是常有的。屈原从小便是这种气概。他既决心反抗社会，便拿性命和他相搏。他说：

> 民生各有所乐兮，余独好脩以为常。虽体解吾犹未变兮，岂余心之可惩。
>
> 《离骚》

又说：

即替余以蕙纕兮,又申之以揽茝。亦余心人所善兮,虽九死其犹未悔。

《离骚》

又说:

与前世而皆然兮,吾又何怨乎今之人。吾将董道而不豫兮,固将重而终身。

《涉江》

他从发心之日起,便有绝大觉悟,知道这件事不是容易。他赌咒和恶社会奋斗到底,他果然能实践其言,始终未尝丝毫让步。但恶社会势力太大,他到了"最后一粒子弹"的时候,只好洁身自杀。我记得在罗马美术馆中曾看见一尊额尔达治武士石雕遗像,据说这人是额尔达治国几百万人中最后死的一个人,眼眶承泪,颊唇微笑,右手一剑自刺左胁。屈原沉汨罗,就是这种心事了。

四

余既滋兰之九畹兮,又树蕙之百晦。畦留夷以揭车兮,杂杜蘅与芳芷。冀枝叶之峻茂兮,愿彼时乎吾将刈。

虽萎绝其亦何伤兮,哀众芳之芜秽。

《离骚》

这是屈原追叙少年抱负。他原定计划,是要多培植些同志出来,协力改革社会。到后来失败了。一个人失败有什么要紧,最可哀的是从前满心希望的人,看着堕落下去。所谓"众芳芜秽",就是"昔日芳草,今为萧艾",这是屈原最痛心的事。

他想改革社会,最初从政治入手。因为他本是贵族,与国家同休戚;又曾得怀王的信任,自然是可以有为。他所以"奔走先后"与闻国事,无非欲他的君王能够"及前王之踵武"。《离骚》无奈怀王太不是材料:

初既与余成言兮，后悔遁而有他。余既不难夫离别兮，伤灵脩之数化。

《离骚》

昔君与我诚言兮，曰黄昏以为期。羌中道而回畔兮，反既有此他志。

《抽思》

他和怀王的关系，就像相爱的人已经定了婚约，忽然变卦。所以他说：

心不同兮媒劳，恩不甚兮轻绝。……交不忠兮怨长，期不信兮告余以不闲。

《湘君》

他对于这一番经历，很是痛心，作品中常常感慨。内中最缠绵沉痛的一段是：

吾谊先君而后身兮，羌众人之所仇。专惟君而无他兮，又众兆之所雠。一心而不豫兮，羌不可保也。疾亲君而无他兮，有招祸之道也。思君其莫我忠兮，忽忘身之贱贫。事君而不贰兮，迷不知宠之门。忠何罪以遇罚兮，亦非余心之所志。行不群以巅越兮，又众兆之所咍。

……

《惜诵》

他年少时志盛气锐，以为天下事可以凭我的心力立刻做成；不料才出头便遭大打击。他曾写自己心理的经过，说道：

昔余梦登天兮，魂中道而无杭。吾使厉神占之兮，曰有志极而无旁。……

吾闻作忠以造怨兮，忽谓之过言。九折臂而成医兮，吾至今而知其信然。

《惜诵》

他受了这一回教训,烦闷之极。但他的热血,常常保持沸度,再不肯冷下去。于是他发出极诚挚的悲音。说道:

闺中既已邃远兮,哲王又不寤。怀朕情而不发兮,余焉能忍与此终古。

《离骚》

以屈原的才气,倘肯稍为迁就社会一下,发展的余地正多。他未尝不盘算及此,他托为他姐姐劝他的话,说道:

女嬃之婵媛兮,申申其詈余。曰:"鲧婞直以亡身兮,终然夭乎羽之野。汝何博謇而好修兮,纷独有此姱节。薋菉葹以盈室兮,判独离而不服。众不可户说兮,孰云察余之中情。世并举而好朋兮,夫何茕独而不余听?……

《离骚》

又托为渔父劝他的话,说道:

夫圣人者,不凝滞于物,而能与世推移,举世皆浊,何不淈其泥而扬其波?众人皆醉,何不餔其糟而歠其醨?"

《渔父》

他自己亦曾屡屡反劝自己,说道:

惩于羹者而吹齑兮,何不变此志也?欲释阶而登天兮,犹有曩之态也。

《惜诵》

说是如此,他肯吗?不不!他断然排斥"迁就主义"。他说:

方以为圜兮,常度未替。易初本迪兮,君子所鄙。
……玄文处幽兮,矇瞍谓之不章。离娄微睇兮,瞽以为无明。……邑犬群吠兮,吠所怪也。非使疑杰兮,固常态也。

《怀沙》

他认定真理正义,和流俗人不相容;受他们压迫,乃是当然的。自己最要紧是立定脚跟,寸步不移。他说:

> 嗟尔幼志，有以异兮。独立不迁，岂不可喜兮。深固难徙，廓其无求兮。苏世独立，横而不流兮。
>
> 《橘颂》

他根据这"独立不迁"主义，来定自己的立场，所以说：

> 固时俗之工巧兮，偭规矩而改错。背绳墨以追曲兮，竞周客以为度。忳郁邑余侘傺兮，吾独穷困乎此时也。宁溘死以流亡兮，余不忍为此态也。鸷鸟之不群兮，自前世而固然。何方圆之能周兮，夫孰异道而相安。屈心而抑志兮，忍尤而攘诟。伏清白以死直兮，固前圣之所厚。
>
> 《离骚》

易卜生最喜欢讲的一句话：All or nothing。要整个，不然宁可什么也没有。屈原正是这种见解。"异道相安"，他认为和方圆相周一样，是绝对不可能的事。中国人爱讲调和，屈原不然，他只有极端："我决定要打胜他们，打不胜我就死。"这是屈原人格的立脚点，他说也是如此说，做也是如此做。

五

不肯迁就，那么，丢开罢。怎么样呢？这一点，正是屈原心中常常交战的题目。丢开有两种。一是丢开楚国，二是丢开现社会。丢开楚国的商榷，所谓：

> 思九州之博大兮，岂惟是其有女。……
> 何所独无芳草兮，尔何怀乎故宇。
>
> 《离骚》

这种话就是后来贾谊吊屈原说的"历九州而相君兮，何必怀此都也。"屈原对这种商榷怎么呢？他以为举世溷浊，到处都是一样。他说：

溘吾游此春宫兮，折琼枝以继佩。及荣华之未落兮，相下女之可诒。吾令丰隆乘云兮，求宓妃之所在。解佩纕以结言兮，吾令蹇修以为理。纷总总其离合兮，忽纬繣其难迁。……

望瑶台之偃蹇兮，见有娀之佚女。吾令鸩为媒兮，鸩告余以不好。雄鸠之鸣逝兮，余犹恶其佻巧。……

及少康之未家兮，留有虞之二姚。理弱而媒拙兮，恐导言之不固。世溷浊而嫉贤兮，好蔽美而称恶。……

《离骚》

这些话怎样解呢？对于这一位意中人，已经演了失恋的痛史了，再换别人，只怕也是一样。宓妃呢？纬繣难迁；有娀吗？不好，佻巧。二姚吗？导言不固。总结一句，就是旧戏本说的笑话："我想平儿，平儿老不想我。"怎么样他才会想我呢？

除非我变个样子；然而我到底不肯；所以任凭你走遍天涯地角，终久找不着一个可意的人来结婚。于是他发出绝望的悲调，说：

忽反顾以流涕兮，哀高丘之无女。

《离骚》

他理想的女人，简直没有。那么，他非在独身生活里头甘心终老不可了。

举世溷浊的感想，《招魂》上半篇表示得最明白。所谓：

魂兮归来，东方不可以托些。……魂兮归来，南方不可以止些。……魂兮归来，西方之害流沙千里些。……

魂兮归来，北方不可以止些。……魂兮归来，君无上天些。……魂兮归来，君无下此幽都些。……

似此"上下四方多贼奸"，有那一处可以说是比"故宇"强些呢？所以丢开楚国，全是不彻底的理论，不能成立。

丢开现社会，确是彻底的办法。屈原同时的庄周，就是这样。屈原也常常打这个主意。他说：

悲时俗之迫阨兮，愿轻举以远游。

《远游》

他被现社会迫阨不过，常常要和他脱离关系，宣告独立。而且实际上，他的神识，亦往往靠这一条路得些安慰。他作品中表现这种理想者最多。如：

驾青虬兮骖白螭，吾与重华游兮瑶之圃。登昆仑兮食玉英。与天地兮同寿，与日月兮同光。

《涉江》

与女游兮九河，冲风起兮水扬波。乘水车兮荷盖，架两龙兮骖螭。登昆仑兮四望，心飞扬兮浩荡。

《河伯》

春秋忽其不淹兮，奚久留此故居。轩辕不可攀援兮，吾将从王乔而娱戏。餐六气而饮沆瀣兮，漱正阳而含朝霞。保神明之清澄兮，精气入而粗秽除。顺凯风以从游兮，至南巢而一息；见王子而宿之兮，审一气之和德。

《远游》

穆眇眇之无垠兮，莽芒芒之无仪。声有隐而相感兮，物有纯而不可为。藐蔓蔓之不可量兮，缥绵绵之不可纡。……

上高岩之峭岸兮，处雌蜺之标颠。据青冥而摅虹兮，遂倏忽而扪天。

《悲回风》

遭吾道夫昆仑兮，路修远以周流。扬云霓之晻霭兮，鸣玉鸾之啾啾。朝发轫于天津兮，夕余至乎西极。凤皇翼其承旂兮，高翱翔之翼翼。忽吾行此流沙兮，遵赤水而容与。麾蛟龙使梁津兮，诏西皇使涉余。……屯余车其千乘兮，齐玉轪而并驰。驾八龙之婉婉兮，载云旗之委蛇。抑志而弭节兮，神高驰之邈邈。奏九歌而舞韶兮，聊假日以媮乐。

《离骚》

诸如此类，所写都是超现实的境界，都是从宗教的或哲学的想象力构造出来。倘使屈原肯往这方面专做他的精神生活，他的日子原可以过得很舒服，然而不能。他在《远游》篇，正在说"绝氛埃而淑尤兮，终不反其故都。"底下忽然接着道：

恐天时之代序兮，耀灵晔而西征。微霜降而下沧兮，悼芳草之先零。

《离骚》

他在《离骚》篇，正在说"假日媮乐"，底下忽然接着道：

陟升皇之赫戏兮，忽临睨夫旧乡。仆夫悲余马怀兮，蜷局顾而不行。

乃至如《招魂》篇把物质上娱乐敷陈了一大堆，煞尾却说道：

皋兰被径兮斯路渐，湛湛江水兮上有枫。目极千里兮伤春心，魂兮归来哀江南。

屈原是情感的化身，他对于社会的同情心，常常到沸度。

看见众生苦痛，便和身受一般，这种感觉，任凭用多大力量的麻药也麻他不下。正所谓"此情无计可消除，才下眉头，却上心头"。说丢开吗？如何能够呢？他自己说：

登高吾不说兮，入下吾不能。

《思美人》

这两句真是把自己心的状态，全盘揭出。超现实的生活不愿做，一般人的凡下现实生活又做不来，他的路于是乎穷了。

六

对于社会的同情心既如此之富，同情心刺戟最烈者，当然是祖国，所以放逐不归，是他最难过的一件事。他写初去国时的情绪道：

发郢都而去闾兮，怊荒忽之焉极。楫齐扬以容与兮，哀见君而不再得。望长楸而太息兮,涕淫淫其若霰。过夏首而西浮兮,顾龙门而不见。……将运舟而下浮兮,上洞庭而下江。去终古之所居兮,今逍遥而来东。羌灵魂之欲归兮,何须臾而忘返。背夏浦而西思兮,哀故都之日远。

《哀郢》

望孟夏之短夜兮,何晦明之若岁。惟郢路之辽远兮,魂一夕而九逝。曾不知路之曲直兮,南指月与列星。愿径逝而不得兮,魂识路之营营。

《抽思》

内中最沉痛的是:

曼余目以流观兮,冀一反之何时。鸟飞返故居兮,狐死必首丘。信非余罪而放逐兮,何日夜而忘之。

《哀郢》

这等作品,真所谓"一声河满子,双泪落君前"。任凭是铁石人,读了怕都不能不感动哩!

他在湖南过的生活,《涉江》篇中描写一部分如下:

乘舲船余上沅兮,齐吴榜以击汰。船容与而不进兮,淹回水而凝滞。朝发枉陼兮,夕宿辰阳。苟余心其端直兮,虽僻远之何伤。入溆浦余儃佪兮,迷不知吾之所如。深林杳以冥冥兮,乃猿狖之所居。山峻高以蔽日兮,下幽晦以多雨。霰雪纷其无垠兮,云霏霏而承宇。哀吾生之无乐兮,幽独处乎山中。吾不能变心而从俗兮,固将愁苦而终穷。

大概他在这种阴惨岑寂的自然界中过那非社会的生活,经了多年。像他这富于社会性的人,如何能受?他在那里"退静默而莫余知兮,进号呼又莫吾闻"。(《惜诵》)

他和恶社会这场血战,真已到矢尽援绝的地步。肯降服吗?到底不肯。他把他的洁癖坚持到底。说道:

安能以身之察察，受物之汶汶者乎？宁赴湘流，葬于江鱼腹中。又安能以皓皓之白，而蒙世俗之尘埃乎？

《渔父》

他是有精神生活的人，看着这臭皮囊，原不算什么一回事。他最后觉悟到他可以死而且不能不死，他便从容死去。临死时的绝作说道：

定心广志，余何畏惧兮。曾伤爰哀，永叹喟兮。世溷浊莫吾知，人心不可谓兮。知死不可让，愿勿爱兮。明告君子，吾将以为类兮。

《怀沙》

西方的道德论，说凡自杀皆怯懦。依我们看：犯罪的自杀是怯懦，义务的自杀是光荣。匹夫匹妇自经沟渎的行为，我们诚然不必推奖他。至于"志士不忘在沟壑，勇士不忘丧其元"。这有什么见不得人之处？屈原说的"定心广志何畏惧"，"知死不可让愿勿爱"，这是怯懦的人所能做到吗？

《九歌》中有赞美战死的武士一篇，说道：

……出不入兮往不返，平原忽兮路超远。带长剑兮挟秦弓，首虽离兮心不惩。诚既勇兮又以武，终刚强兮不可陵。身既死兮神以灵，子魂魄兮为鬼雄。

《离骚》

这虽属侑神之词，实亦写他自己的魄力和身分。我们这位文学老祖宗留下二十多篇名著，给我们民族偌大一份遗产，他的责任算完全尽了。末后加上这汨罗一跳，把他的作品添出几倍权威，成就万劫不磨的生命，永远和我们相摩相荡。呵呵！"诚既勇兮又以武，终刚强兮不可陵。"呵呵！屈原不死！

屈原惟自杀故，越发不死！

七

以上所讲，专从屈原作品里头体现出他的人格，我对于屈原的主要研究，算是结束了。最后对于他的文学技术，应该附论几句。

屈原以前的文学，我们看得着的只有《诗经三百篇》。

《三百篇》好的作品，都是写实感。实感自然是文学主要的生命；但文学还有第二个生命，曰想象力。从想象力中活跳出实感来，才算极文学之能事。就这一点论，屈原在文学史的地位，不特前无古人，截到今日止，仍是后无来者。因为屈原以后的作品，在散文或小说里头想象力比屈原优胜的或者还有；在韵文里头，我敢说还没有人比得上他。

他作品中最表现想象力者，莫如《天问》《招魂》《远游》三篇。《远游》的文句，前头多已征引，今不再说。《天问》纯是神话文学，把宇宙万物，都赋予他一种神秘性，活像希腊人思想。《招魂》前半篇说了无数半神半人的奇情异俗，令人目摇魄荡。后半篇说人世间的快乐，也是一件一件地从他脑子里幻构出来。至如《离骚》：什么灵氛，什么巫咸，什么丰隆，望舒，骞脩，飞廉，雷师，这些鬼神，都拉来对面谈话，或指派差事。什么宓妃，什么有娀佚女，什么有虞二姚，都和他商量爱情。凤凰，鸩，鸠。鸤鸠，都听他使唤，或者和他答话。虬龙，虹霓，鸾，或是替他拉车，或是替他打伞，或是替他搭桥。兰，茝，桂，椒，芰荷，芙蓉，……无数芳草，都做了他的服饰，昆仑，县圃，咸池，扶桑，苍梧，崦嵫，阊阖，阆风，穷石，洧盘，天津，赤水，不周，……种种地名或建筑物，都是他脑海里头的国土。又如《九歌》十篇，每篇写一神，便把这神的身分和意识都写出来。想象力丰富瑰伟到这样，何止中国，在世界文学作品中，除了但丁《神曲》外，恐怕还没有几家够得上比较哩！

班固说："不歌而诵谓之赋，"从前的诗，谅来都是可以歌的，不歌的诗,自"屈原赋"始。几千字一篇韵文,在体格上已经是空前创作,那波澜壮阔,层叠排奡,完全表出他气魄之伟大。有许多话讲了又讲,正见得缠绵悱恻,一往情深,有这种技术,才配说"感情的权化"。

写客观的意境,便活给他一个生命,这是屈原绝大本领。

这类作品,《九歌》中最多。如:

君不行兮夷犹,蹇谁留兮中洲?美要眇兮宜修,沛吾乘兮桂舟。令沅湘兮无波,使江水兮安流。

《湘君》

帝子降兮北渚,目眇眇兮愁予。袅袅兮秋风,洞庭波兮木叶下。……沅有芷兮澧有兰,思公子兮未敢言。

《湘夫人》

秋兰兮麋芜,罗生兮堂下。绿叶兮素枝,芳菲菲兮袭予。……秋兰兮青青,绿叶兮紫茎。满堂兮美人,忽独与余兮目成。入不言兮出不辞,乘回风兮载云旗。悲莫悲兮生别离,乐莫乐兮新相知。荷衣兮蕙带,儵而来兮忽而逝。夕宿兮帝郊,君谁须兮云之际。

《少司命》

子交手兮东行,送美人兮南浦。波滔滔兮来迎,鱼鳞鳞兮媵予。

《河伯》

这类作品,读起来,能令自然之美,和我们心灵相触逗,如此,才算是有生命的文学。太史公批评屈原道:

其文约,其辞微,其志洁,其行廉。其称文小而其指极大,举类迩而见义远。其志洁,故其称物芳;其行廉,故死而不容自疏。濯淖污泥之中,蝉蜕于浊秽,不获世之滋垢,皭然泥而不滓者也。推此志也,虽与日月争光可也。

(《史记》本传)

虽未能尽见屈原,也算略窥一斑了。我就把这段作为全篇的结束。

科学精神与东西文化

梁启超

一

今日我感觉莫大的光荣，得有机会在一个关系中国前途最大的学问团体——科学社的年会来讲演。但我又非常惭愧而且惶恐，像我这样对于科学完全门外汉的人，怎样配在此讲演呢？这个讲题——《科学精神与东西文化》，是本社董事部指定要我讲的。我记得科学时代的笑话：有些不通秀才去应考，罚他先饮三斗墨汁，预备倒吊着滴些墨点出来。我今天这本考卷，只算倒吊着滴墨汁，明知一定见笑大方，但是句句话都是表示我们门外汉对于门内的"宗庙之美，百官之富"如何欣羡、如何崇敬、如何爱恋的一片诚意。我希望国内不懂科学的人或是素来看轻科学、讨厌科学的人，听我这番话得多少觉悟，那么，便算我个人对于本社一点贡献了。

近百年来科学的收获如此其丰富：我们不是鸟，也可以腾空；不是鱼，也可以入水；不是神仙，也可以和几百千里外的人答话……诸如此类，哪一件不是受科学之赐？任凭怎么顽固的人，谅来"科学无用"这句话，再不会出诸口了。然而中国为什么直到今日还得不着科学的好处？直到今日依然成为"非科学的国民"呢？我想，中国人对于科学的态度，有根本不对的两点：

其一，把科学看太低了，太粗了。我们几千年来的信条，都说的

"形而上者谓之道，形而下者谓之器"，"德成而上，艺成而下"这一类话。多数人以为：科学无论如何如何高深，总不过属于艺和器那部分，这部分原是学问的粗迹，懂得不算稀奇，不懂得不算耻辱。又以为：我们科学虽不如人，却还有比科学更宝贵的学问——什么超凡入圣的大本领，什么治国平天下的大经纶，件件都足以自豪，对于这些粗浅的科学，顶多拿来当一种补助学问就够了。因为这种故见横亘在胸中，所以从郭筠仙、张香涛这班提倡新学的先辈起，都有两句自鸣得意的话，说什么"中学为体，西学为用"。这两句话现在虽然没有从前那么时髦了，但因为话里的精神和中国人脾胃最相投合，所以话的效力，直到今日，依然为变相的存在。老先生们不用说了，就算这几年所谓新思潮、所谓新文化运动，不是大家都认为蓬蓬勃勃有生气吗？试检查一下它的内容，大低最流行的莫过于讲政治上、经济上这样主义那样主义，我替它起个名字，叫做西装的治国平天下大经纶；次流行的莫过于讲哲学上、文学上这种精神那种精神，我也替它起个名字，叫做西装的超凡入圣大本领。至于那些脚踏实地平淡无奇的科学，试问有几个人肯去讲求？学校中能够有几处像样子的科学讲座？有了，几个人肯去听？出版界能够有几部有价值的科学书，几篇有价值的科学论文？有几个人肯去读？我固然不敢说现在青年绝对的没有科学兴味，然而兴味总不如别方面浓。须知，这是积多少年社会心理遗传下来！对于科学认为"艺成而下"的观念，牢不可破，直到今日，还是最爱说空话的人最受社会欢迎。做科学的既已不能如别种学问之可以速成，而又不为社会所尊重，谁肯埋头去学他呢？

其二，把科学看得太呆了，太窄了。那些绝对的鄙厌科学的人且不必责备，就是相对的尊重科学的人，还是十个有九个不了解科学性质。他们只知道科学研究所产结果的价值，而不知道科学本身的价值；他们只有数学、几何学、物理学、化学……等等概念，而没有科学的概念。他们以为学化学便懂化学，学几何便懂几何，殊不知并非化学能教人懂化学，几何能教人懂几何，实在是科学能教人懂化学和几何。他们以为只有化学、数学、物理、几何……等等才算科学，以为只有学化学、数学、物理、几何……才用得着科学，殊不知所有政治学、经济学、社会学……等等，只要够得上一门学问的，没有不是科学。我们若不拿科学精神去研究，便做哪一门子学问也做不成。中国人因为始终没有懂得"科学"这个字的意义，所以近十年很有人奖励学制船、学制炮，却没有人奖励科学；近十几年学校里都教的数学、几何、化学、物理，但总不见教会人做科学。或者说：只有理科、工科的人们才要科学，我不打算当工程师，不打算当理化教习，何必要科学？中国人对于科学的看法大概如此。我大胆说一句话：

中国人对于科学这两种态度倘若长此不变，中国人在世界上便永远没有学问的独立，中国人不久必要成为现代被淘汰的国民。

二

科学精神是什么？我姑从最广义解释："有系统之真知识，叫做科学，可以教人求得有系统之真知识的方法，叫做科学精神。"这句话要分三层说明：

第一层，求真知识。知识是一般人都有的，乃至连动物都有。科学所要给我们的，就争一个"真"字。一般人对于自己所认识的事物，很容易便信以为真；但只要用科学精神研究下来，越研究便越觉求美之难。譬如说"孔子是人"，这句话不经研究，总可以说是真，因为人和非人的分别是很容易看见的。譬如说"老虎是恶兽"，这句话真不真便待考察了。

欲证明他是真，必要研究兽类具备某种某种性质才算恶，看老虎果曾具备了没有？若说老虎杀人算是恶，为什么人杀老虎不算恶？若说杀同类算是恶，只听见有人杀人，从没听见老虎杀老虎，然则人容或可以叫做恶兽，老虎却绝对不能叫做恶兽了。譬如说"性是善"，或说"性是不善"，这两句话真不真，越发待考了。到底什么叫做"性"？什么叫做"善"？

两方面都先要弄明白。倘如孟子说的性咧、情咧、才咧，宋儒说的义理咧、气质咧，闹成一团糟，那便没有标准可以求真了。譬如说"中国现在是共和政治"，这句话便很待考。欲知他真不真，先要把共和政治的内容弄清楚，看中国和他合不合。譬如说"法国是共和政治"，这句话也待考。欲知他真不真，先要问"法国"这个字所包范围如何，若安南也算法国，这句话当然不真了。看这几个例，便可以知道，我们想对于一件事物的性质得有真知灼见，很是不容易。要钻在这件事物里头去研究，要绕着这件事物周围去研究，要跳在这件事物高处去研究，种种分析研究结果，才把这件事物的属性大略研究出来，算是从许多相类似容易混杂的个体中，发现每个个体的特征。换一个方向，把许多同有这种特征的事物，归成一类，许多类归成部，许多部归成一组，如是综合研究的结果，算是从许多各自分离的个体中，发现出他们相互间的普遍性。经过这种工夫，才许你开口说"某件事物的性质是怎么样"。这便是科学第一件主要精神。

第二层，求有系统的真知识。知识不但是寻求知道一件事物便了，还要知道这件事物和那件事物的关系，否则零头断片的知识全没有用处。知道事物和事物相关系，而因此推彼，得从所已知求出所未知，叫做有系统的知识。系统有二：一竖，二横。横的系统，即指事物的普遍性——如前段所说。竖的系统，指事物的因果律——有这件事物，自然会有那件事物；必须有这件事物，才能有那件事物；倘若这件事物有如何如何的变化，那件事物就会有如何如何的变化；这叫做因果律。明白因果，是增加新知识的不二法门，因为我们靠它，才能因所已知，推见所未知；明白因果，是由知识进到行为的向导，因为我们预料结果如何，可以选择一个目的做去。虽然，因果是不轻易谈的：第一，要找得出证据；第二，要说得出理由。因果律虽然不能说都要含有"必然性"，但总是愈逼近"必然性"愈好，最少也要含有很强的"必然性"，倘若仅属于"偶然性"的便不算因果律。

譬如说："晚上落下去的太阳，明早上一定再会出来。""倘若把水煮过了沸度，它一定会变成蒸汽。"这等算是含有必然性，因为我们积千千万万回的经验，却没有一回例外。而且为什么如此，可以很明白说出理由来。譬如说："冬天落去的树叶，明年春天还会长出来。"这句话便待考。因为再长出来的并不是这块叶，而且这树也许碰着别的变故再也长不出叶来。譬如说："西边有虹霓，东边一定有雨。"这句话越发待考。因为虹霓不是雨的原因，他是和雨同一个原因，或者还是雨的结果。翻过来说："东边有雨，西边一定有虹霓。"这句话也待考。因为雨虽然可以为虹霓的原因，却还须有别的原因凑拢在一处，虹霓才会出来。譬如说："不孝的人要着雷打。"这句话便大大待考。因为虽然我们也曾听见某个不孝人着雷，但不过是偶然的一回，许多不孝的人不见得都着雷，许多着雷的东西不见得都不孝；而且宇宙间有个雷公会专打不孝人，这些理由完全说不出来。譬如说："人死会变鬼。"这句话越发大大待考。因为从来得不着绝对的证据，而且绝对的说不出理由。譬如说："治极必乱，乱极必治。"这句话便很要待考。因为我们从中国历史上虽然举出许多前例，但说治极是乱的原因，乱极是治的原因，无论如何，总说不下去。譬如说："中国实行了联省自治制后，一定会太平。"这话也待考。因为联省自治虽然有致太平的可能性，无奈我们未曾试过。

看这些例，便可知我们想应用因果律求得有系统的知识，实在不容易。总要积无数的经验——或照原样子继续忠实观察，或用人为的加减改变试验，务找出真凭实据，才能确定此事物与彼事物之关系。这还是第一步。再进一步，凡一事物之成毁，断不止一个原因，知道甲和乙的关系还不够，又要知道甲和丙、丁、戊……等等关系。原因之中又有原因，想真知道乙和甲的关系，便须先知道乙和庚、庚和辛、辛和壬……等等关系。不经过这些工夫，贸贸然下一个断案，说某事物和某事物有何等关系，便是武断，便是非科学的。科学家以许多有证据的事实为基础，逐层逐层看出他们的因果关系，发明种种含有必然性或含有极强偶然性的原则，好像拿许多结实麻绳组织成一张网，这网愈织愈大，渐渐的涵盖到这一组知识的全部，便成了一门科学。这是科学第二件主要精神。

　　第三层，可以教人的知识。凡学问有一个要件，要能"传与其人"。人类文化所以能成立，全由于一人的知识能传给多数人，一代的知识能传给次代。我费了很大的工夫得一种新知识，把他传给别人，别人费比较小的工夫承受我的知识之全部或一部，同时腾出别的工夫又去发明新知识。如此教学相长，递和传授，文化内容，自然一日一日的扩大。倘若知识不可以教人，无论这项知识怎样的精深博大，也等于"人亡政息"，于社会文化绝无影响。中国凡百学问，都带一种"可以意会，不可以言传"的神秘性，最足为知识扩大之障碍。例如医学，我不敢说中国几千年没有发明，而且我还信得过确有名医。但总没有法传给别人，所以今日的医学，和扁鹊、仓公时代一样，或者还不如。又如修习禅观的人，所得境界，或者真是圆满庄严。但只好他一个人独享，对于全社会文化竟不发生丝毫关系。中国所有学问的性质，大抵都是如此。这也难怪。中国学问，本来是由几位聪明绝顶的人"妙手偶得"——本来不是按部就班的循着一条路去得着，何从把一条应循之路指给别人？科学家恰恰相反，他们一点点知识，都是由艰苦经验得来；他们说一句话总要举出证据，自然要将证据之如何搜集、如何审定一概告诉人；他们主张一件事总要说明理由，理由非能够还原不可，自然要把自己思想经过的路线，顺次评叙。所以别人读他一部书或听他一回讲演，不仅能够承受他研究所得之结果，而且一并承受他如何能研究得此结果之方法，而且可以用他的方法来批评他的错误。方法普及于社会，人人都可以研究，自然人人都会有发明。这是科学第三件主要精神。

三

中国学术界，因为缺乏这三种精神，所以生出如下之病症：

一、笼统。标题笼统——有时令人看不出他研究的对象为何物。用语笼统——往往一句话容得几方面解释。思想笼统——最爱说大而无当不着边际的道理，自己主张的是什么，和别人不同之处在哪里，连自己也说不出。

二、武断。立说的人，既不必负找寻证据、说明理由的责任，判断下得容易，自然流于轻率。许多名家著述，不独违反真理而且违反常识的，往往而有。既已没有讨论学问的公认标准，虽然判断谬误，也没有人能驳他，谬误便日日侵蚀社会人心。

三、虚伪。武断还是无心的过失。既已容许武断，便也容许虚伪。虚伪有二：1. 语句上之虚伪。如隐匿真证、杜撰假证或曲说理由等等。2. 思想内容之虚伪。本无心得，貌为探秘，欺骗世人。

四、因袭。把批评精神完全消失，而且没有批评能力，所以一味盲从古人，剽窃些绪余过活。所以思想界不能有弹力性，随着时代所需求而开拓，倒反留着许多沉淀废质，在里头为营养之障碍。

五、散失。间有一两位思想伟大的人，对于某种学术有新发明，但是没有传授与人的方法，这种发明，便随着本人的生命而中断。所以他的学问，不能成为社会之遗产。

以上五件，虽然不敢说是我们思想界固有的病症，这病最少也自秦汉以来受了二千年。我们若甘心抛弃文化国民的头衔，那更何言可说！若还舍不得吗？试想，二千年思想界内容贫乏到如此，求学问的途径闭塞到如此，长此下去，何以图存？想救这病，除了提倡科学精神外，没有第二剂良药了。

我最后还要补几句话：我虽然照董事部指定的这个题目讲演，其实科学精神之有无，只能用来横断新旧文化，不能用来纵断东西文化。若说欧美人是天生成科学的国民，中国人是天生成非科学的国民，我们可绝对的不能承认。拿我们战国时代和欧洲希腊时代比较，彼此都不能说是有现代这种崭新的科学精神，彼此却也没有反科学的精神。秦汉以后，反科学精神弥漫中国者二千年；罗马帝国以后，反科学精神弥漫于欧洲者也一千多年。两方比较，我们隋唐佛学时代，还有点"准科学的"精神不时发现，只有比他们强，没有比他们弱。我所举五种病证，当他们教会垄断学问时代，件件都有；直到文艺复兴以后，渐渐把思想界的健康恢复过来，所谓科学者，才种下根苗；讲到枝叶复苏，华实烂漫，不过最近一百年内的事。一百年的先进后进，在历史上值得计较吗？

只要我们不讳疾忌医，努力服这剂良药，只怕将来升天成佛，未知谁先谁后哩！我祝祷科学社能做到被国民信任的一位医生，我祝祷中国文化添入这有力的新成分，再放异彩！

红楼梦评论

王国维

王国维（1877～1927），字静安，号观堂。浙江海宁人。我国近代享有国际盛誉的著名学者。中过秀才，早年学习英、日文，研究哲学、文学，受到德国资产阶级唯心主义哲学和文艺思想的影响，对我国近代文化学术事业作出了一定的贡献。1922年受聘为北京大学研究所国学门通讯导师，1925年任清华研究院教授，与梁启超、陈寅恪、赵元任并称清华国学四大导师。生平著述62种，批校的古籍逾200种。

一、人生及美术之概观

老子曰："人之大患，在我有身。"庄子曰："大块载我以形，劳我以生。"忧患与劳苦之与生相对待也久矣。夫生者，人人之所欲；忧患与劳苦者，人人之所恶也。然则，讵不人人欲其所恶、而恶其所欲欤？将其所恶者，固不能不欲，而其所欲者，终非可欲之物欤？人有生矣，则思所以奉其生。饥而欲食，渴而欲饮，寒而欲衣，露处而欲宫室，此皆所以维持一人之生活者也。然一人之生，少则数十年，多则百年而止耳。而吾人欲生之心，必以是为不足。于是于数十年百年之生活外，更进而图永远之生活：时则有牝牡之欲家室之累，进而育子女矣，则有保抱扶持饮食教诲之责，婚嫁之务。百年之间，早作而夕思，穷老而不知所终，问有出于此保存自己及种姓之生活之外者乎？无有也。百年之后，观吾人之成绩，其有逾于此保存自己及种姓之生活之外者乎？无有也。又人人知侵害自己及种姓之生活者之非一端也。于是相集而成一群，相约束而立一国，择其贤且智者以为之君。为之立法律以治之，建学校以教之，为之警察以防内奸，为之陆海军以御外患，使人人各遂其生活之欲而不相侵害：凡此皆欲生之心之所为也。夫人之于生活也，欲之如此其切也，用力如此其勤也，设计如此其周且至也，固亦有其真可欲者存欤？吾人之忧患劳苦，固亦有所以偿之者欤？则吾人不得不就生活之本质，熟思而审考之也。

　　既偿一欲，则此欲以终。然欲之被偿者一，而不偿者什伯。一欲既终，他欲随之。故究竟之慰籍，终不可得也。即使吾人之欲悉偿，而更无所欲之对象，倦厌之情即起而乘之。于是吾人自己之生活，若负之而不胜其重。故人生者，如钟表之摆，实往复于痛苦与倦厌之间者也，夫倦厌固可视为苦痛之一种。有能除去此二者，吾人谓之曰快乐。然当其求快乐也。吾人于固有之苦痛外，又不得不加以努力，而努力亦苦痛之一也。且快乐之后，其感苦痛也弥深。故苦痛而无回复之快乐者有之矣，未有快乐而不先之或继之以苦痛者也。又此苦痛与世界之文化俱增，而不由之而减。何则？文化愈进，其知识弥广，其所欲弥多，又其感苦痛亦弥甚，故也。然则人生之所欲，既无以逾于生活，而生活之性质，又不外乎苦痛，故欲与生活，与苦痛，三者一而且已。

　　吾人生活之性质，既如斯矣，故吾人之知识，遂无往而不与生活之欲相关系，即与吾人之利害相关系。就其实而言之，则知识者，固生于此欲，而示此欲以我与外界之关系，使之趋利而避害者也。常人之知识，止知我与物之关系，易言以明之，止知物之与我相关系者，而于此物中又不过知其与我相关系之部分而已。及人知渐进，于是始知欲知此物与我之关系，不可不研究此物与彼物之关系。知愈大者，其研究逾远焉。自是而生各种之科学：如欲知空间之一部之与我相关系者，不可不知空间全体之关系，于是几何学兴焉。（按西洋几何学 Geometry 之本义系量地之意，可知古代视为应用之科学，而不视为纯粹之科学也。）欲知力之一部之与我相关系者，不可不知力之全体之关系，于是力学兴焉。吾人既知一物之全体之关系，又知此物与彼物之全体之关系，而立一法则焉，以应用之。于是物之现于吾前者，其与我之关系，及其与他物之关系，粲然陈于目前而无所遁。夫然后吾人得以利用此物，有其利而无其害，以使吾人生活之欲，增进于无穷。此科学之功效也。故科学上之成功，虽若层楼杰观，高严巨丽，然其基址则筑乎生活之欲之上，与政治上之系统，立于生活之欲之上无以异。然则吾人理论与实际之二方面，皆此生活之欲之结果也。

由是观之，吾人之知识与实践之二方面，无往而不与生活之欲相关系，即与苦痛相关系。有兹一物焉，使吾人超然于利害之外，而忘物与我之关系。此时也，吾人之心，无希望，无恐怖，非复欲之我，而但知之我也。此犹积阴弥月，而旭日杲杲也，犹覆舟大海之中，浮沉上下，而飘著于故乡海岸也；犹阵云惨淡，而插翅之天使，赍平和之福音而来者也；犹鱼之脱于罾网，鸟之自樊笼出而游于山林江海也。然物之能使吾人超然于利害之外者，必其物之于吾人无利害之关系而后可；易言以明之，必其物非实物而后可。然则非美术何足以当之乎？夫自然界之物，无不与吾人有利害之关系；纵非直接，亦必间接相关系者也。苟吾人而能忘物与我之关系而观物，则夫自然界之山明水媚，鸟飞花落，固无往而非华胥之国，极乐之土也。岂独自然界而已？人类之言语动作，悲欢啼笑，孰非美之对象乎？然此物既与吾人有利害之关系，而吾人欲强离其关系而观之，自非天才，岂易及此？于是天才者出，以其所观于自然人生中者复现之于美术中，而使中智以下之人，亦因其物之与己无关系，而超然于利害之外。是故观物无方，因人而变：濠上之鱼，庄、惠之所乐也，而渔父袭之以网罟；舞雩之木，孔、曾之所憩也，而樵者继之以斤斧。若物非有形，心无所住，则虽殉财之夫，贵私之子，宁有对曹霸、韩干之马，而计驰骋之乐，见毕宏、韦偃之松，而观思栋梁之用；求好逑于雅典之偶，思税驾于金字之塔者哉？故美术之为物，欲者不观，观者不欲；而艺术之美所以优于自然之美者，全存于使人易忘物我之关系也。

而美之为物有二种：一曰优美，一曰壮美。苟一物焉，与吾人无利害之关系，而吾人之观之也，不观其关系，而但观其物；或吾人之心中，无丝毫生活之欲存，而其观物也，不视为与我有关系之物，而但视为外物，则今之所观者，非昔之所观者也。此时吾心宁静之状态，名之曰优美之情，而谓此物曰优美。若此物大不利于吾人，而吾人生活之意志为之破裂，因之意志遁去，而知力得为独立之作用，以深观其物，吾人谓此物曰壮美，而谓其感情曰壮美之情。普遍之美，皆属前种。至于地狱变相之图，决斗垂死之像，庐江小吏之诗，雁门尚书之曲，其人固氓庶之所共怜，其遇虽戾夫为之流涕，讵有子颓乐祸之心，宁无尼父反袂之戚，而吾人观之不厌。千复格代之诗曰："What in life doth only grieve us. That in art we gladly see."（凡人生中足以使人悲者，于美术中则吾人乐而观之。）此之谓也。此即所谓壮美之情。而其快乐存于使人忘物我之关系则固与优美无以异也。

至美术中之与二者相反者，名之曰眩惑。夫优美与壮美，皆使吾人离生活之欲，而入于纯粹之知识者。若美术中而有眩惑之原质乎，则又使吾人自纯粹之知识出，而复归于生活之欲。如粗粝蜜饵，《招魂》、《七发》之所陈；玉体横陈，周昉、仇英之所绘；《西厢记》之《酬柬》、《牡丹亭》之《惊梦》、伶元之传飞燕，杨慎之赝《秘辛》；徒讽一而劝百，欲止沸而益薪。所以子云有"靡靡"之消，法秀有

"绮语"之诃。虽则梦幻泡影，可作如是观，而拔舌地狱，专为斯人设者矣。故眩惑之于美，如甘之于辛，火之于水，不相并立者也。吾人欲以眩惑之快乐，医人世之苦痛，是犹欲航断港而至海，入幽谷而求明，岂徒无益，而又增之。则岂不以其不能使人忘生活之欲，及此欲与物之关系，而反鼓舞之也哉！眩惑之与优美及壮美相反对，其故实存于此。

今既述人生与美术之概略如左。吾人且持此标准，以观我国之美术。而美术中以诗歌、戏曲、小说为其顶点，以其目的在描写人生故。吾人于是得一绝大著作曰《红楼梦》。

二、红楼梦之精神

伯格之诗曰：

"Ye wise men, highly deeply Iearned,

Who think it out and know,

How, when and where do all things pair?

Why do they kiss and love?

Ye men of lofty wisdom say

What happend to me then,

Search out and tell me whete, how, when,

And why it happened thus"

嗟汝哲人，靡所不知，靡所不学，既深且跻。粢粢生物，罔不匹俦。各啮厥齿，而相厌攸。匪汝哲人，孰知其故？自何时始，来自何处？嗟汝哲人，渊渊其知。相彼百昌，奕而熙熙？愿言哲人，诏余其故。自何时始，来自何处？（译文）

衷伽尔之问题，人人所有之问题，而人人未解决之大问题也。人有恒言曰："饮食男女，人之大欲存焉。"然人七日不食则死，一日不再食则饥。若男女之欲，则于一人之生活上，宁有害无利者也，而吾人之欲之也如此何哉？吾人自少壮以后，其过半之光阴，过半之事业，所计画、所勤动者为何事？汉之成、哀，曷为而丧其生？殷辛、周幽，曷为而亡其国？励精如唐玄宗，英武如后唐庄宗，曷为而不善其终？且人生苟为数十年之生活计，则其维持此生活，亦易易耳，曷为而其忧劳之度，倍蓰而未有已？记曰："人不婚宦，情欲失半。人苟能解此问题，则于人生之知识，思过半矣。而蚩蚩者乃日用而不知，岂不可哀也与！其自哲学上解此问题者，则二千年间，仅有叔本华之"男女之爱之形而上学"耳。诗歌小学之描写此事者，通古今东西，殆不能悉数，然能解决之者鲜矣。《红楼梦》一书，非徒提出此问题，又解决之者也。彼于开卷即下男女之爱之神话的解释。其叙此书之主人公贾宝玉之来历曰：

却说女蜗氏炼石补天之时，于大荒山无稽崖，炼成高十二丈，见方二十四丈大的顽石三万六千五百零一块。那娲皇只用了三万六千五百块，单单剩下一块未用，弃在青埂峰下。谁知此石自经锻炼之后，灵性已通，自去自来，可大可小。因见众石俱得补天，独自己无才，不得入选，遂自怨自艾，日夜悲哀。（第一回）

此可知生活之欲之先人生而存在，而人生不过此欲之发现也。此可知吾人之坠落，由吾人之所欲，而意志自由之罪恶也。夫顽钝者既不幸而为此石矣，又幸而不见用，则何不游于广莫之野，无何有之乡，以自适其适，而必欲入此忧患劳苦之世界，不可谓非此石之大误也。由此一念之误，而遂造出十九年之历史，与百二十回之事实，与茫茫大士，渺渺真人何与？又于第百十七回中，述宝玉与和尚之谈论曰：

"……弟子请问师父：可是从太虚幻境而来？"那僧道："什么'幻境'！不过是来处来，去处去罢了。我是送还你的玉来的。我且问你，那玉是从那里来的？"宝玉一时对答不来。那僧笑道："你自己的来路还不知，便来问我！"宝玉本来颖悟，又经点化，早把红尘看破，只是自己的底里未知。一闻那僧问起玉来，好像当头一棒，便说道："你也不用银子的，我把那玉还你罢。"那僧笑道："也该还我了！"

所谓"自己的底里未知"者，未知其生活乃自己之一念之误，而此念之所自造也。及一闻和尚之言，始知此不幸之生活，由自己之所欲，而其拒绝之也，亦不得由自己，是以有还玉之言。所谓玉者，不过生活之欲之代表而已矣。故携入红尘者，非彼二人之所为，顽石自己而已；引登彼岸者，亦非二人之力，顽石自己而已。此岂独宝玉一人然哉？人类之坠落与解脱，亦视其意志而已。而此生活之意志，其于永远之生活，比个人之生活为尤切；易言以明之则男女之欲，尤强于饮食之欲。何则？前者无尽的，后者有限的也；前者形而上的，后者形而下的也。又如上章所说生活之于苦痛，二者一而非二，而苦痛之度，与主张生活之欲之度为比例。是故前者之苦痛，尤倍蓰于后者之苦痛。而《红楼梦》一书，实示此生活此苦痛之由于自造，又示其解脱之道，不可不由自己求之者也。

而解脱之道，存于出世，而不存于自杀。出世者，拒绝一切生活之欲者也。彼知生活之无所逃于苦痛，而求入于无生活之域。当其终也，垣干虽存，固已形如槁木，而心如死灰矣。若生活之欲如故，但不满于现在之生活，而求主张之于异日，则死于此者，固不得不复生于彼，而苦海之流，又将与生活之欲而无穷。故金钏之堕井也，司棋之触墙也，尤三姐、潘又安之自刎也，非解脱也，求偿其欲而不得者也。彼等之所不欲者，其特别之生活，而对生活之为物，则固欲之而不疑也。故此书中真正之解脱，仅贾宝玉、惜春、紫鹃三人耳。而柳湘莲之入道，有似潘又安；芳官之出家，略同于金钏。故苟有生活之欲存乎，则虽出世而无与于解脱；苟无此欲则自杀亦未始非解脱之一者也。如鸳鸯之死，彼固有不得已之境遇在；不然，则惜春、紫鹃之事，固亦其所优为者也。

而解脱之中，又自有二种之别：一存于观他人之苦痛，一存于觉自己之苦痛。然前者之解脱，惟非常之人为能，其高百倍于后者，而其难亦百倍。但由其成功观之，则二者一也。通常之人，其解脱由于苦痛之阅历，而不由于苦痛之知识。惟非常之人，由非常之知力，而洞观宇宙人生之本质，始知生活与苦痛之不能相离，由是求绝其生活之欲，而得解脱之道。然于解脱之途中，彼之生活之欲，犹时时起而与之相抗，而生种种之幻影。所谓恶魔者，不过此等幻影之人物化而已矣。故通常之解脱，存于自己之苦痛，彼之生活之欲，因不得其满足而愈烈，又因愈烈而愈不得其满足，如此循环，而陷于失望之境遇，遂悟宇宙人生之真相，遽而求其息肩之所。彼全变其气质，而超出乎苦乐之外，举昔之所执著者，一旦而舍之。彼以生活为炉，苦痛为炭，而铸其解脱之鼎。彼以疲于生活之欲故，故其生活之欲不能复起而为之幻影。此通常之人解脱之状态也。前者之解脱，如惜春、紫鹃；后者之解脱，如宝玉。前者之解脱，超自然的也，神明的也，后者之解脱，自然的也，人类的也。前者之解脱，宗教的也；后者美术的也。前者平和的也；后者悲感的也，壮美的也，故文学的也，诗歌的也，小说的也。此《红楼梦》之主人公，所以非惜春、紫鹃，而为贾宝玉者也。

呜呼，宇宙一生活之欲而已！而此生活之欲之罪过，即以生活之苦痛罚之；此即宇宙之永远的正义也。自犯罪，自加罚，自忏悔，自解脱。美术之务，在描写人生之苦痛与其解脱之道，而使吾侪冯生之徒，于此桎梏之世界中，离此生活之欲之争斗，而得其暂时之平和，此一切美术之目的也。夫欧洲近世之文学中，所以推格代之《法斯德》（即歌德的《浮士德》——编者）为第一者，以其描写博士法斯德之苦痛，及其解脱之途径，最为精切故也。若《红楼梦》之写宝玉，又岂有以异于彼乎？彼于缠陷最深之中，而已伏解脱之种子：故听《寄生草》之曲，而悟立足之境，读《胠箧》之篇，而作焚花散麝之想，所以未能者，则以黛玉尚在耳。至黛玉死而其志渐决，然尚屡失于宝钗，几败于五儿，屡蹶屡振，而终获最后之胜利。读者观自九十八回以至百二十回之事实，其解脱之行程，精进之历史，明瞭精切何如哉！且法斯德之苦痛，天才之苦痛；宝玉之苦痛，人人所有之苦痛也。其存于人之根柢者为独深，而其希救济也为尤切。作者一一掇拾而发挥之。我辈之读此书者，宜如何表满足感谢之意哉！而吾人于作者之姓名，尚未有确实之知识，岂徒吾侪寡学之羞，亦足以见二百余年来吾人之祖先，对此宇宙之大著述，如何冷淡遇之也。谁使此大著述之作者，不敢自署其名？此可知此书之精神，大背于吾国人之性质，及吾人之沉溺于生活之欲，而乏美术之知识，有如此也。然则予之为此论，亦自知有罪也夫。

三、红楼梦之美学上之价值

如上章之说，吾国人之精神，世间的也，乐天的也，故代表其精神之戏曲小说，无往而不著此乐天之色彩：始于悲者终于欢，始于离者终于合，始于困者终于亨；非是而欲厌阅者之心，难矣！若《牡丹亭》之返魂，《长生殿》之重圆，其最著之一例也。《西厢记》之以《惊梦》终也，未成之作也，此书若成，吾乌知其不为《续西厢》之浅陋也？有《水浒传》矣，曷为而又有《荡寇志》？有《桃花扇》矣，曷为而又有《南桃花扇》？有《红楼梦》矣，彼《红楼复梦》、《补红楼梦》、《续红楼》者，曷为而作也？又曷为而有反对《红楼梦》之《儿女英雄传》？故吾国之文学中，其具厌世解脱之精神者，仅有《桃花扇》与《红楼梦》耳。而《桃花扇》之解脱，非真解脱也：沧桑之变，目击之而身历之，不能自悟，而悟于张道士之一言；且以历数千里，冒不测之险，投缧绁之中，所索之女子，才得一面，而以道士之言，一朝而舍之，自非三尺童子，其谁信之哉？故《桃花扇》之解脱，他律的也；而《红楼梦》之解脱，自律的也。且《桃花扇》之作者，但借侯、李之事，以写故国之戚，而非以描写人生为事。故《桃花扇》，政治的也，国民的也，历史的也；《红楼梦》，哲学的也，宇宙的也，文学的也。此《红楼梦》之所以大背于吾国人之精神，而其价值亦即存乎此。彼《南桃花扇》、《红楼复梦》等，正代表吾国人乐天之精神者也。

《红楼梦》一书，与一切喜剧相反，彻头彻尾之悲剧也。其大宗旨如上章之所述，读者既知之矣。除主人公不计外，凡此书中之人有与生活之欲相关系者，无不与苦痛相终始，以视宝琴、岫烟、李纹、李绮等，若藐姑射神人，复乎不可及矣。夫此数人者，曷尝无生活之欲，曷尝无苦痛？而书中既不及写其生活之欲，则其苦痛自不得而写之；足以见二者如骖之靳，而永远的正义，无往不逞其权力也。又吾国之文学，以挟乐天的精神故，故往往说诗歌的正义，善人必夺其终，而恶人必离其罚：此亦吾国戏曲小说之特质也。《红楼梦》则不然：赵姨、凤姐之死，非鬼神之罚，彼良心自己之苦痛也。若李纨之受封，彼于《红楼梦》十四曲中，固已明说之曰：

〔晚韶华〕镜里恩情，更那堪梦里功名！那美韶华去之何迅。再休题绣帐鸳衾；只这戴珠冠，披凤袄，也抵不了无常性命。虽说是，人生莫受老来贫，也须要阴骘积儿孙。气昂昂，头戴簪缨，光灿灿，胸悬金印，威赫赫，爵禄高登，——昏惨惨，黄泉路近。问古来将相可还存？也只是虚名儿与后人钦敬。（第五回）

此足以知其非诗歌的正义，而既有世界人生以上，无非永远的正义之所统辖也。故曰《红楼梦》一书，彻头彻尾的悲剧也。由叔本华之说，悲剧之中，又有三种之别：第一种之悲剧，由极恶之人，极其所有之能力，以交构之者。第二种，由于盲目的运命者。第三种之悲剧，由于剧中之人物之位置及关系而不得不然者；非必有蛇蝎之性质，与意外之变故也，但由普遍之人物，普通之境遇，逼之不得不如是；彼等明知其害，交施之而交受之，各加以力而各不任其咎，此种悲剧，其感人贤于前二者远甚。何则？彼示人生最大之不幸，非例外之事，而人生之所固有故也。若前二种之悲剧，吾人对蛇蝎之人物，与盲目之命运，未尝不悚然战栗；然以其罕见之故，犹幸吾生之可以免，而不必求息肩之地也。但在第三种，则见此非常之势力，足以破坏人生之福祉者，无时而不可坠于吾前；且此等惨酷之行，不但时时可受诸己而或可以加诸人；躬丁其酷，而无不平之可鸣：此可谓天下之至惨也。若《红楼梦》，则正第三种之悲剧也。兹就宝玉、黛玉之事言之：贾母爱宝钗之婉嫕，而怒黛玉之孤僻，又信金玉之邪说，而思压宝玉之病；王夫人固亲于薛氏；凤姐以持家之故，忌黛玉之才，而虞其不便于己也；袭人惩尤二姐、香菱之事，闻黛玉"不是东风压西风，就是西风压东风"之语，（第八十一回）惧祸之及，而自同于凤姐，亦自然之势也。宝玉之于黛玉，信誓旦旦，而不能言之于最爱之之祖母，则普通之道德使然；况黛玉一女子哉！由此种种原因，而金玉以之合，木石以之离，又岂有蛇蝎之人物，非常之变故，行于其间哉？不过通常之道德，通常之人情，通常之境遇为之而已。由此观之，《红楼梦》者，可谓悲剧中之悲剧也。

由此之故，此书中壮美之部分，较多于优美之部分，而眩惑之原质殆绝焉。作者于开卷即申明之曰：

更有一种风月笔墨，其淫秽污臭，最易坏人子弟。至于才子佳人等书，则又开口文君，满篇子建，千部一腔，千人一面，且终不能不涉淫滥。在作者不过欲写出自己两首情诗艳赋来，故假捏出男女二人名姓，又必旁添一小人拨乱其间，如戏中小丑一般。（此又上节所言之一证）

兹举其最壮美者之一例，即宝玉与黛玉最后之相见一节曰：

那黛玉听著傻大姐说宝玉娶宝钗的话，此时心里，竟是油儿、酱儿、糖儿、醋儿倒在一处的一般，甜、苦、酸、咸，竟说不上什么味儿来了。……自己转身要回潇湘馆去。那身子竟有千百斤重的,两只脚却像踏着棉花一般,早已软了。只得一步一步慢慢的走将来。走了半天,还没到沁芳桥畔。原来脚下软了,走的慢,且又迷迷痴痴,信着脚从那边绕过来,更添了两箭地的路。这时刚到沁芳桥畔,却又不知不觉的顺着堤往回里走起来。紫鹃取了绢子来,不见黛玉。正在那里看时,只见黛玉颜色雪白,身子恍恍荡荡的,眼睛也直直的,在那里东转西转。……只得赶过来,轻轻的问道:"姑娘,怎么又回去?是要往那里去?"黛玉也只模糊听见,随口应道:"我问问宝玉去。"紫鹃……只得搀他进去。那黛玉却又奇怪,这时不似先前那样软了,也不用紫鹃打帘子,自己掀起帘子进来。……看见宝玉在那里坐着,也不起来让坐,只瞅着嘻嘻的傻笑。黛玉自己坐下,却也瞅着宝玉笑。两个人也不问好,也不说话,也无推让,只管对着脸傻笑起来。……忽然听着黛玉说道:"宝玉!你为什么病了?"宝玉笑道:"我为林姑娘病了。"袭人、紫鹃两个,吓得面目改色,连忙用言语来岔。两个却又不答言,仍旧傻笑起来。……紫鹃搀起黛玉。那黛玉也就站起来,瞅着宝玉只管笑,只管点头儿。紫鹃又催道:"姑娘,回家去歇歇罢"。黛玉道:"可不是,我这就是回去的时候儿了!"说着,便回身笑着出来了。仍旧不用丫头们搀扶,自己却走得比往常飞快。(第九十六回)

　　如此之文,此书中随处有之,其动吾人之感情何如!凡稍有审美的嗜好者,无人不经验之也。

　　《红楼梦》之为悲剧也如此。昔雅里大德勒于《诗论》(即亚里士多德的《诗学》——编者),谓悲剧者,所以感发人之情绪而高上之,殊如恐惧与悲悯之二者,为悲剧中固有之物,由此感发,而人之精神于焉洗涤。故其目的,伦理学上之目的也。叔本华置诗歌于美术之顶点,又置悲剧于诗歌之顶点;而于悲剧之中,又特重第三种,以其示人生之真相,又示解脱之不可已故。故美学上最终之目的,与伦理学上最终之目的合。由是《红楼梦》之美学上之价值，亦与其伦理学上之价值相联络也。

四、红楼梦之伦理学上之价值

自上部分观之，《红楼梦》者，悲剧中之悲剧也。其美学上之价值，即存乎此。然使伦理学上之价值以继之，则其于美术上之价值，尚未可知也。今使为宝玉者，于黛玉即死之后，或感愤而自杀，或放废以终其身，则虽谓此书一无价值可也。何则？欲达解脱之域者，固不可不尝人世之忧患，然所贵乎忧患者，以其为解脱之手段故，非重忧患自身之价值也。今使人日日居忧患言忧患，而无希求解脱之勇气，则天国与地狱，彼两失之；其所领之境界，除阴云蔽天，沮洳弥望外，固无所获焉。黄仲则《绮怀》诗曰：

如此星辰非昨夜，为谁风露立中宵。

又其卒章曰：

结束铅华归少作，屏除丝竹入中年；茫茫来日愁如海，寄语羲和快着鞭。

其一例也。《红楼梦》则不然，其精神之存于解脱，如前二章所说，兹固不俟喋喋也。

然则解脱者，果足为伦理学上最高之理想否乎？自通常之道德观之，夫人知其不可也。夫宝玉者，固世俗所谓绝父子、弃人伦、不忠不孝之罪人也。然自太虚中有今日之世界，自世界中有今日之人类，乃不得不有普通之道德。以为人类之法则。顺之者安，逆之者危；顺之者存，逆之者亡。于今日之人类中，吾固不能不认普通之道德之价值也。然所以有世界人生者，果有合理的根据欤？抑出于盲目的动作，而别无意义存乎其间欤？使世界人生之存在，而有合理的根据，则人生中所有普通之道德，谓之绝对的道德可也。然吾人从各方面观之，则世界人生之所以存在，实由吾人类之祖先一时之误谬。诗人之所悲歌，哲学者之所瞑想，与夫古代诸国民之传说，若出一揆。若第二章所引《红楼梦》第一回之神话的解释，亦于意识中暗示此理，较之《创世记》所述人类犯罪之历史，尤为有味者也。夫人之有生，既有鼻祖之误谬矣，则夫吾人之同胞，凡为此鼻祖之子孙者，苟有一人焉，未入解脱之域，则鼻祖之罪，终无时而赎，而一时之误谬，反覆至数千万年而未有已也。则夫绝弃人伦如宝玉其人者，自普通之道德言之，固无所辞其不忠不孝之罪；若开天眼而观之，则彼固可谓干父之蛊者也。知祖父之误谬，而不忍反覆之以重其罪，顾得谓之不孝哉？然则宝玉"一子出家，七祖升天"之说，诚有见乎所谓孝者在此不在彼，非徒自辩护而已。

然则举世界之人类，而尽入于解脱之域，则所谓宇宙者，不诚无物也欤？然有无之说，盖难言之矣。夫以人生之无常，而知识之不可恃，安知吾人之所谓有非所谓真有者乎？则自其反而言之，又安知吾人之所谓无非所谓真无者乎？即真无矣，而使吾人自空乏与满足，希望与恐怖之中出，而获永远息肩之所，不犹愈于世之所谓有者乎！然则吾人之畏无也，与小儿之畏暗黑何以异？自己解脱者观之，安知解脱之后，山川之美，日月之华，不有过于今日之世界者呼？读《飞鸟各投林》之曲，所谓"一片白茫茫大地真干净"者，有欤无欤，吾人且勿问，但立乎今日之人生而观之，彼诚有味乎其言之也。

难者又曰：人苟无生，则宇宙间最可宝贵之美术，不亦废欤？曰：美术之价值，对现在之世界人生而起者，非有绝对的价值也。其材料取诸人生，其理想亦视人生之缺陷逼仄，而趋于其反对之方面。如此之美术，唯于如此之世界，如此之人生中，始有价值耳。今设有人焉，自无始以来，无生死，无苦乐，无人世之挂碍而唯有永远之知识，则吾人所宝为无上之美术，自彼视之，不过蛩鸣蝉噪而已。何则？美术上之理想，固彼之所自有，而其材料，又彼之所未尝经验故也。又设有人焉,备尝人世之苦痛,而已入于解脱之域,则美术之于彼也,亦无价值。何则?美术之价值,存于使人离生活之欲,而入于纯粹之知识。彼既无生活之欲矣,而复进之以美术,是犹馈壮夫以药石,多见其不知量而已矣。然而起今日之世界人生以外者,于美术之存亡,固自可不必问世。

夫然,故世界之大宗教,如印度之婆罗门教及佛教,希伯来之基督教,皆以解脱为唯一之宗旨。哲学家如古代希腊之柏拉图,近世德意志之叔本华,其最高之理想,亦存于解脱。殊如叔本华之说,由其深邃之知识论,伟大之形而上学出,一扫宗教之神话的面具,而易以名学之论法,其真挚之感情,与巧妙之文字,又足以济之:故其说精密确实,非如古代之宗教及哲学说,彼属想像而已。然事不厌其求详,姑以生平所疑者商榷焉。夫由叔氏之哲学说,则一切人类及万物之根本,一也。故充叔氏拒绝意志之说,非一切人类及万物,各拒绝其生活之意志,则一人之意志,亦不可得而拒绝。何则?生活之意志之存于我者,不过其一最小部分,而其大部分之存放一切人类及万物者,皆与我之意志同。而此物我之差别,仅由于吾人知力之形式,故离此知力之形式,而反其根本而观之,则一切人类及万物之意志,皆我之意志也。然则拒绝吾一人之意志,而姝姝自悦曰解脱,是何异决蹄踌之水,而注之沟壑,而曰天下皆得平土而居之哉!佛之言曰:"若不尽度众生,誓不成佛。"其言犹若有能之而不欲之意。然自吾人观之,此岂徒能之而不欲哉!将毋欲之而下能也。故如叔本华之言一人之解脱,而未言世界之解脱,实与其意志同一之说,不能两立者也。叔氏无意识中亦触此疑问,故于其《意志及观念之世界》之第四编之末,力护其说曰:

人之意志,于男女之欲,其发现也为最著。故完全之贞操,乃拒绝意志,即解脱之第一步也。夫自然中之法则,固自最确实者。使人人而行此格言,则人类之灭绝,自可立而待。至人类以降之动物,其解脱与坠落，亦当视人类以为准。《吠陁》之经典曰："一切众生之待圣人，如饥儿之待慈父母也。"基督教中亦有此思想。珊列休斯于其《人持一切物归于上帝》之小诗中曰："嗟汝万物灵，有生皆爱汝。总总环汝旁，如儿索母乳。携之适天国，惟汝力是恃！"德意志之神秘学者马斯太哀克赫德亦云："《约翰福音》云：'余之离世界也，将引万物而与我俱。基督岂欺我哉！'夫善人固将持万物而归之于上帝，即其所从出之本者也。今夫一切生物，皆为人而造，又各自相为用；牛羊之于水草，鱼之于水，鸟之于空气，野兽之于林莽皆是也。一切生物皆上帝所造，以供善人之用，而善人携之以归上帝。"彼意盖谓人之所以有用动物之权利者，实以能救济之之故也。

于佛教之经典中，亦说明此真理。方佛之尚为菩提萨埵也，自王宫逸出而入深林时，彼策其马而歌曰："汝久疲放生死兮，今将息此任载。负余躬以遐举兮，继今日而无再。苟彼岸其余达兮，余将徘徊以汝待！"(《佛国记》)此之谓也。(英译《意志及观念之世界》第一册第四百九十二页。)

然叔氏之说，徒引据经典，非有理论的根据也。试问释迦示寂以后，基督尸十字架以来，人类及万物之欲生奚若？其痛苦又奚若？吾知其不异于昔也。然则所谓持万物而归之上帝者，其尚有所待欤？往者作一律曰：

生平颇忆挈虚敖，东过蓬莱浴海涛。何处云中闻犬吠，至今湖畔尚乌号。人间地狱真无间，死后泥洹枉自豪。终古众生无度日，世尊祇合老尘嚣。

何则？小宇宙之解脱，视大宇宙之解脱以为准故也。赫尔德曼人类涅槃之说，所以起而补叔氏之缺点者以此。要之，解脱之足以为伦理学上最高之理想与否，实存于解脱之可能与否。若夫普通之论难，则固如楚楚蜉蝣，不足以撼十围之大树也。

今使解脱之事，终不可能，然一切伦理学上之理想，果皆可能也欤？今夫与此无生主义相反者，生生主义也。夫世界有限，而生人无穷；以无穷之人，生有限之世界，必有不得遂其生者矣。世界之内，有一人不得遂其生者，固生生主义之理想之所不许也。故由生生主义之理想，则欲使世界生活之量，达于极大限，则人人生活之度，不得不达于极小限。盖度与量二者，实为一精密之反比例，所谓最大多数之最大福祉者，亦仅归于伦理学者之梦想而已。夫以极大之生活量，而居于极小之生活度，则生活之意志之拒绝也奚若？此生生主义与无生主义相同之点也。苟无此理想，则世界之内，弱之肉，强之食，一任诸天然之法则耳，奚以伦理为哉？然世人日言生生主义，而此理想之达于何时，则尚在不可知之数。要之理想者，可近而不可即，亦终古不过一理想而已矣。人知无生主义之理想之不可能，而自忘其主义之理想之何若？此则大不可解脱者也。

夫如是，则《红楼梦》之以解脱为理想者，果可菲薄也欤，夫以人生忧患之如彼，而劳苦之如此，苟有血气者，未有不渴慕救济者也；不求之于实行，犹将求之于美术。独《红楼梦》者，同时与吾人以二者之救济。人而自绝放救济则已耳；不然，则对此宇宙之大著述，宜如何企踵而欢迎之也！

五、余论

自我朝考证之学盛行，而读小说者，亦以考证之眼读之。于是评《红楼梦》者，纷然索此书之主人公之为谁，此甚不可解者也。夫美术之所写者，非个人之性质，而人类全体之性质也。惟美术之特质，贵具体而不贵抽象。于是举人类全体之性质，置诸个人之名字之下。譬诸"副墨之子，""洛诵之孙"，亦随吾人之所好名之而已。善于观物者，能就个人之事实，而发见人类全体之性质；今对人类之全体，而必规规焉求个人以实之，人之知力相越，岂不远哉！故《红楼梦》

之主人公,谓之贾宝玉可,谓之"子虚""乌有"先生可,即谓之纳兰容若,谓之曹雪芹,亦无不可也。

综观评此书者之说,约有二种:一谓述他人之事,一谓作者自写其生平也。第一说中,大抵以贾宝玉为即纳兰性德。其说要非无所本。案性德《饮水诗集别意》六首之三曰:

独拥余香冷不胜,残更数尽思腾腾。今宵便有随风梦,知在红楼第几层?

又《饮水》词中《于中好》一阕云:

别绪如丝睡不成,那堪孤枕梦边城。因听紫塞三更雨,却忆红楼半夜灯。

又《减字木兰花》一阕咏新月云:

莫教星替,守取团圆终必遂。此夜红楼,天上人间一样愁。

"红楼"之字凡三见,而云"梦红楼"者一。又其亡妇忌日作《金缕曲》一阕其首三句云:

此恨何时已,滴空阶寒更雨歇,葬花天气。

"葬花"二字,始出于此。然则《饮水集》与《红楼梦》之间,稍有文字之关系,世人以宝玉为即纳兰侍卫者,殆由于此。然诗人与小说家之用语,其偶合者固不少。苟执此例以求《红楼梦》之主人公,吾恐其可以傅合者,断不止容若一人而已。若夫作者之姓名,(遍考各书,未见曹雪芹何名。)与作书之年月,其为读此书者所当知,似更比主人公之姓名为尤要。顾无一人为之考证者,此则大不可解者也。

至谓《红楼梦》一书,为作者自道其生平者。其说本于此书第一回"竟不如我亲见亲闻的几个女子"一语。信如此说,则唐旦(即但丁——编者)之《天国喜剧》,可谓无独有偶者矣。然所谓亲见亲闻者,亦可自旁观者之口言之,未必躬为剧中之人物。如谓书中种种境界,种种人物,非局中人不能道,则是《水浒传》之作者,必为大盗,《三国演义》之作者,必为兵家,此又大不然之说也。且此问题,实为美术之渊源之问题相关系。如谓美术上之事,非局中人不能道,则其渊源必全存于经验而后可。夫美术之源,出于先天,抑由于经验,此西洋美学上至大之问题也。叔本华之论此问题也,最为透辟。兹援其说,以结此论。其言(此论本为绘画及雕刻发,然可通之于诗歌小说)曰:

人类之美之产于自然中者,必由下文解释之:即意志于其客观化之最高级(人类)中,由自己之力与种种之情况,而打胜下级(自然力)之抵抗,以占领其物质。且意志之发现于高等之阶级也,其形式必复杂:即以一树言之,乃无数之细胞,合而成一系统者也。其阶级愈高,其结合愈复。人类之身体,乃最复杂之系统也:各部分各有一特别之生活,其对全体也,则为隶属;其互相对也,则为同僚;互相调和,以为其全体之说明;不能增也,不能减也。能如此者,则谓之美。此自然中不得多见者也。顾美之于自然中如此,于美术中则何如?或有以美术家为模仿自然者。然彼苟无美之预想存于经验之前,则安从取自然中完全之物而模仿之,又以之与不完全者相区别哉?且自然亦安得时时生一人焉,于其各部分皆完全无缺哉?或又谓美术家必先于人之肢体中,观美丽之各部分,而由之以构成美丽之全体。此又大愚不灵之说也。即令如此,彼又何自知美丽之在此部分而非彼部分哉?故美之知识,断非自经验的得之,即非后天的,而常为先天的;即不然,亦必其一部分常为先天的也。吾人于观人类之美后,始认其美;但在真正之美术家,其认识之也,极其明速之度,而其表出之也,胜乎自然之为。此由吾人之自身即意志,而于此所判断及发见者,乃意志于最高级之完全之客观化也。唯如是,吾人斯得有美之预想。而在真正之天才,于美之预想外,更伴以非常之巧力。彼于特别之物中,认全体之理念,遂解自然之嗫嚅之言语而代言之;即以自然所百计而不能产出之美,现之于绘画及雕刻中,而若语自然曰："此即汝之所欲言而不得者也。"苟有判断之能力者，必将应之曰："是。"唯如是，故希腊之天才，能发见人类之美之形式，而永为万世雕刻家之模范。唯如是，故吾人对自然于特别之境遇中所偶然成功者，而得认其美。此美之预想，乃自先天中所知者，即理想的也，比其现于美术也，则为实际的。何则？此与后天中所与之自然物相合故也。如此，美术家先天中有美之预想，而批评家于后天中认识之，此由美术家及批评家，乃自然之自身之一部，而意志于此客观化者也。哀姆攀独克尔曰："同者唯同者知之。"故唯自然能知自然，唯自然能言自然，则美术家有自然之美之预想，固自不足怪也。

芝诺芬述苏格拉底之言曰："希腊人之发见人类之美之理想，也由于经验。即集合种种美丽之部分，而于此发见一膝，于彼发见一臂。"此大谬之说也。不幸而此说又蔓延于诗歌中。即以狭斯丕尔（即莎士比亚——编者）言之，谓其戏曲中所描写之种种之人物，乃其一生之经验中所观察者，而极其全力以模写之者也。然诗人由人性之预想而作戏曲小说，与美术家之由美之预想而作绘书及雕刻无以异。唯两者于其创造之途中，必须有经验以为之补助。夫然，故其先天中所已知者，得唤起而入于明晰之意识，而后表出之事，乃可得而能也。（叔氏《意志及观念之世界》第一册第二百八十五页至八十九页）

由此观之，则谓《红楼梦》中所有种种之人物，种种之境遇，必本于作者之经验，则雕刻与绘画家之写人之美也，必此取一膝，彼取一臂而后可。其是与非，不待知者而决矣。读者苟玩前数章之说，而知《红楼梦》之精神，与其美学伦理学上之价值，则此种议论，自可不生。苟知美术之大有造于人生，而《红楼梦》自足为我国美术上之唯一大著述，则其作者之姓名，与其著书之年月，固当为唯一考证之题目。而我国人之所聚讼者，乃不在此而在彼；此足以见吾国人之对此书之兴味之所在，自在彼而不在此也，故为破其惑如此。

文学小言

王国维

一

昔司马迁推本汉武时学术之盛，以为利禄之途使然。余谓一切学问皆能以利禄劝，独哲学与文学不然。何则？科学之事业皆直接间接以厚生利用为旨，故未有与政治及社会上之兴味相刺谬者也。至一新世界观与一新人生观出，则往往与政治及社会上之兴味不能相容。若哲学家而以政治及社会之兴味为兴味，而不顾真理之如何，则又决然非真正之哲学。此欧洲中世哲学之以辩护宗教为务者，所以蒙极大之耻辱，而叔本华所以痛斥德意志大学之哲学者也。文学亦然；餔餟的文学，决非文学也。

二

文学者，游戏的事业也。人之势力，用于生存竞争而有余，于是发而为游戏。婉娈之儿，有父母以衣食之，以卵翼之，无所谓争存之事也。其势力无所发泄，于是作种种之游戏。逮争存之事亟，而游戏之道息矣。惟精神上之势力独优，而又不必以生事为急者，然后终身得保其游戏之性质。而成人以后，又不能以小儿之游戏为满足，于是对其自己之情感及所观察之事物而摹写之，咏叹之，以发泄所储蓄之势力。故民族文化之发达，非达一定之程度，则不能有文学；而个人之汲汲于争存者，决无文学家之资格也。

三

人亦有言，名者利之宾也。故文绣的文学之不足为真文学也，与铺缀的文学同。古代文学之所以有不朽之价值者，岂不以无名之见者存乎？至文学之名起，于是有因之以为名者，而真正文学乃复托于不重于世之文体以自见。逮此体流行之后，则又为虚玄矣。故模仿之文学，是文绣的文学与铺缀的文学之记号也。

四

文学中有二原质焉：曰景，曰情。前者以描写自然及人生之事实为主，后者则吾人对此种事实之精神的态度也。故前者客观的，后者主观的也；前者知识的，后者感情的也。自一方面言之，则必吾人之胸中洞然无物，而后其观物也深，而其体物也切；即客观的知识，实与主观的情感为反比例。自他方面言之，则激烈之情感，亦得为直观之对象、文学之材料；而观物与其描写之也，亦有无限之快乐伴之。要之，文学者，不外知识与感情交代之结果而已。苟无锐敏之知识与深邃之感情者，不足与于文学之事。此其所以但为天才游戏之事业，而不能以他道劝者也。

五

古今之成大事业大学问者，不可不历三种之阶级："昨夜西风凋碧树，独上高楼，望尽天涯路。"晏同叔《蝶恋花》此第一阶级也。

"衣带渐宽终不悔，为伊消得人憔悴。"欧阳永叔《蝶恋花》此第二阶级也。"众里寻她千百度，蓦然回首，那人却在，灯火阑珊处。"辛幼安《青玉案》此第三阶级也。未有未阅第一第二阶级，而能遽跻第三阶级者。文学亦然。此有文学上之天才者，所以又需莫大之修养也。

六

三代以下之诗人，无过于屈子、渊明、子美、子瞻者。此四子者若无文学之天才，其人格亦自足千古。故无高尚伟大之人格，而有高尚伟大文章者，殆未之有也。

七

天才者，或数十年而一出，或数百年而一出，而又须济之以学问，助之以德性，始能产真正之大文学。此屈子、渊明、子美、子瞻等所以旷世而不一遇也。

八

"燕燕于飞，差池其羽。""燕燕于飞，颉之颃之。"
"睍睆黄鸟，载好其音。""昔我往矣，杨柳依依。"
诗人体物之妙，侔于造化，然皆出于离人孽子征夫之口，故知感情真者，其观物亦真。

九

"驾彼四牡，四牡项领。我瞻四方，蹙蹙靡所骋。"以《离骚》、

《远游》数千言言之而不足者，独以十七字尽之，岂不诡哉！然以讥屈子之文胜，则亦非知言者也。

十

屈子感自己之感，言自己之言者也。宋玉、景差感屈子之所感，而言其所言；然亲见屈子之境遇，与屈子之人格，故其所言亦殆与自己之言无异。贾谊、刘向其遇略与屈子同，而才则逊矣。王叔师以下，但袭其貌而无其情以济之。此后人之所以不复为楚人之词者也。

十一

屈子之后，文学上之雄者，渊明其尤也。韦、柳之视渊明，其如刘、贾之视屈子乎！彼感他人之所感，而言他人之所言，宜其不如李、杜也。

十二

宋以后之能感自己之感，言自己之言者，其惟东坡乎！山谷可谓能言其言矣，未可谓能感所感也。遗山以下亦然。若国朝之新城，岂徒言一人之言而已哉？所谓"莺偷百鸟声"者也。

十三

诗至唐中叶以后，殆为羔雁之具矣。故五季、北宋之诗，除一二大家外，无可观者，而词则独为其全盛时代。其诗词兼擅如永叔、少游者，皆诗不如词远甚。以其写之于诗者，不若写之于词者之真也。

至南宋以后，词亦为羔雁之具，而词亦替矣。（除稼轩一人外。）观此足以知文学盛衰之故矣。

十四

上之所论，皆就抒情的文学言之。《离骚》诗词皆是。至叙事的文学，谓叙事诗、史诗、戏曲等，非谓散文也。则我国尚在幼稚之时代。元人杂剧，辞则美矣，然不知描写人格为何事。至国朝之《桃花扇》，则有人格矣，然他戏曲则殊不称是。要之，不过稍有系统之词，而并诗词之性质者也。以东方古文学之国，无一足以与西欧匹者，此则后此文学家之责矣。

十五

抒情之诗，不待专门之诗人而后能之也。若夫叙事，则其所需之时日长，而其所取之材料富，非天才而又有暇日者不能。此诗家之数之所以不可更仆数，而叙事文学家殆不能及百分之一也。

十六

《三国演义》无纯文学之资格，然其叙关壮缪之释曹操，则非大文学家不办。《水浒传》之写鲁智深，《桃花扇》之写柳敬亭、苏昆生，彼其所为，固毫无意义。然以其不顾一己之利害，故犹使吾人生无限之兴味，发无限之尊敬，况于观壮缪之矫矫者乎？若此者，岂真如汗德所云，实践理性为宇宙人生之根本欤？抑与现在利己之世界相比较，而益使吾人兴无涯之感也？则选择戏曲小说之题目者，亦可以知所去取矣。

十七

吾人谓戏曲小说家为专门之诗人,非谓其以文学为职业也。以文学为职业,餔餟的文学也。职业的文学家,以文学为生活;专门之文学家,为文学而生活。今餔餟的文学之途,盖已开矣。吾宁闻征夫思妇之声,而不屑使此等文学嚣然污吾耳也。

真理与自由

王国维

前既述数年间为学之事，兹复就为学之结果述之：余疲于哲学有日矣。哲学上之说，大都可爱者不可信，可信者不可爱。余知真理，而余又爱其谬误。伟大之形而上学，高严之伦理学，与纯粹之美学，此吾人所酷嗜也。然求真可信者，则宁在知识论上之实证论，伦理学上之快乐论，与美学上之经验论。知其可信而不能爱，觉其可爱而不能信，此近二三年中最大之烦闷，而近日之嗜好所以渐由哲学而移于文学，而欲于其中求直接之慰藉者也。要之，余之性质，欲为哲学家则感情苦多，而知力苦寡；欲为诗人，则又苦感情寡而理性多。诗歌乎？哲学乎？他日以何者终吾身，所不敢知，抑在二者之间乎？

今日之哲学界，自赫尔德曼以后，未有敢立一家系统者也。居今日而欲自立一新系统，自创一新哲学，非愚则狂也。近二十年之哲学家，如德之芬德，英之斯宾塞尔，但搜集科学之结果，或古人之说而综合之、修正之耳。此皆第二流之作者，又皆所谓可信而不可爱者也。此所谓哲学家，则实哲学史家耳。以余之力，加之以学问，以研究哲学史，或可操成功之券。然为哲学家，则不能；为哲学史，则又不喜，此亦疲于哲学之一原因也。

近年嗜好之移于文学，亦有由焉，则填词之成功是也。余之于词，虽所作尚不及百阕，然自南宋以后，除一二人外，尚未有能及余者。则平日之所自信也，虽比之五代、北宋之大词人，余愧有所不如，然此等词人，亦未始无不及余之处。因词之成功，有志于戏曲，此亦近日之奢愿也。然词之于戏曲，一抒情，一叙事，其性质既异，其难易又殊。又何敢因前者之成功，而避冀后者乎？但余所以有志于戏曲者，又自有故。吾中国文学之最不振者，莫戏曲若。元之杂剧，明之传奇，存于今日者，尚以百数。其中之文字，虽有佳者，然其理想及结构，虽欲不谓至幼稚，至拙劣，不可得也。国朝之作者，虽略有进步，然比诸西洋之名剧，相去尚不能以道里计。此余所以自忘其不敏，而独有志乎是也。然目与手不相谋，志与力不相符，此又后人之通病。故他日能为之与否，所不敢知，至为之而能成功与否，则愈不敢知矣。

虽然，以余今日研究之日浅，而修养之力乏，而遭绝望于哲学及文学，毋乃太早计乎！苟积毕生之力，安知于哲学上不有所得，而于文学不终有成功之一日乎？即今一无成功，而得于局促之生活中，以思索玩赏为消遣之法，以自逭于声色货利之域，其益固已多矣。诗云："且以喜乐，且以永日。"此吾辈才弱者之所有事也。若夫深湛之思，创造之力，苟一日集于余躬，则候诸天之所为欤！

《唐诗三百首》指导大概

朱自清

朱自清（1898~1948），原名自华，号秋实，字佩弦，原籍浙江绍兴，生于江苏东海，现代著名散文家、诗人、学者。1925年8月，受聘为清华大学教授，此后，直到1948年8月病逝，再未离开过清华。朱自清以他独特的美文艺术风格，创造了具有中国民族特色的散文体制和风格，主要作品有《踪迹》、《背影》、《欧游杂记》、《你我》、《伦敦杂记》等。

有些人在生病的时候或烦恼的时候，拿过一本诗来翻读，偶尔也朗吟几首，便会觉得心上平静些，轻松些。这是一种消遣，但跟玩骨牌或纸牌等等不同，那些大概只是碰碰运气。跟读笔记一类书也不同，那些书可以给人新的知识和趣味，但不直接调平情感。读小说在这些时候大概只注意在故事上，直接调平情感的效用也不如诗。诗是抒情的，直接诉诸情感，又是节奏的，同时直接诉诸感觉，又是最经济的，语短而意长。具备这些条件，读了心上容易平静轻松，也是当然。自来说，诗可以陶冶性情，这句话不错。

但是诗决不只是一种消遣，正如笔记一类书和小说等不是的一样。诗调平情感，也就是节制情感。诗里的喜怒哀乐跟现实生活里的喜怒哀乐不同。这是经过"再团再炼再调和"的。诗人正在喜怒哀乐的时候，决想不到作诗。必得等到他的情感平静了，他才会吟味那平静了的情感想到作诗；于是乎运思造句，作成他的诗，这才可以供欣赏。要不然，大笑狂号只教人心紧，有什么可欣赏的呢？读诗所欣赏的便是诗里所表现的那些平静了的情感。假如是好诗，说的即使怎样可气可哀，我们还是不厌百回读的。在现实生活里便不然，可气可哀的事我们大概不愿重提。这似乎是有私、无私或有我、无我的分别，诗里无我，现实生活里有我。别的文学类型也都有这种情形，不过诗里更容易看出。读诗的人直接吟味那无我的情感，欣赏它的发而中节，自己也得到平静，而且也会渐渐知道节制自己的情感。一方面因为诗里的情感是无我的，欣赏起来得设身处地，替人着想。这也可以影响到性情上去。节制自己和替人着想这两种影响都可以说是人在模仿诗。诗可以陶冶性情，便是这个意思。所谓温柔敦厚的诗教，也只该是这个意思。

部定初中国文课程标准"目标"里有"养成欣赏文艺之兴趣"一项，略读教材里有"有注释之诗歌选本"一项。高中国文课程标准"目标"里又有"培养学生欣赏中国文学名著之能力"一项，关于略读教材也有"选读整部或选本之名著"的话。欣赏文艺，欣赏中国文学名著，都不能忽略读诗。读诗家专集不如读诗歌选本。读选本虽只能"尝鼎一脔"，却能将各家各派鸟瞰一番；这在中学生是最适宜的，也最需要的。有特殊的选本，有一般的选本。按着特殊的作派选的是前者，按着一般的品味选的是后者。中学生不用说该读后者。《唐诗三百首》正是一般的选本。这部诗选很著名，流行最广，从前是家弦户诵的书，现在也还是相当普遍的书。但这部选本并不成为古典；它跟《古文观止》一样，只是当年的童蒙书，等于现在的小学用书。不过在现在的教育制度下，这部书给高中学生读才合适。无论它从前的地位如何，现在它却是高中学生最合适的一部诗歌选本。唐代是诗的时代，许多大诗家都在这时代出现，各种诗体也都在这时代发展。这部书选在清代中叶，入选的差不多都是经过一千多年淘汰后的名作，差不多都是历代公认的好诗。虽然以明白易解为主，并限定诗篇的数目，规模不免狭窄些，却因此成为道地的一般的选本，高中学生读这部书，靠着注释的帮忙，可以吟味欣赏，收到陶冶性情的益处。

本书是清乾隆间一位别号"蘅塘退士"的人编选的。卷头有《题辞》，末尾记着"时乾隆癸末年春日，蘅塘退士题"。乾隆癸末是公元一七六三年，到现在快一百八十年了。有一种刻本"题"字下押了一方印章，是"孙洙"两字，也许是选者的姓名。孙洙的事迹，因为眼前书少，还不能考出、印证。这件事只好暂时存疑。《题辞》说明编选的旨趣，很简短，抄在这里：

世俗儿童就学，即授《千家诗》，取其易于成诵，故流传不废。但其诗随手掇拾，工拙莫辨。且止七言律绝二体，而唐宋人又杂出其间，殊乖体制。因专就唐诗中脍炙人口之作择其尤要者，每体得数十首，共三百余首，录成一编，为家塾课本。俾童而习之，白首亦莫能废。较《千家诗》不远胜耶？谚云，"熟读唐诗三百首，不会吟诗也会吟"，请以是编验之。

这里可见本书是断代的选本，所选的只是"唐诗中脍炙人口之作"，就是唐诗中的名作。而又只是"择其尤要者"。所以只有三百余首，实数是三百一十首。所谓"尤要者"大概着眼在陶冶性情上。至于以明白易解的为主，是"家塾课本"的当然，无须特别提及。本书是分体编的，所以说"每体得数十首"。引谚语一方面说明为什么只选三百余首。但编者显然同时在模仿"三百篇"，《诗经》三百零五篇，连那有目无诗的六篇算上，共三百一十一篇；本书三百一十首，决不是偶然巧合。编者是怕人笑他僭妄，所以不将这番意思说出。引谚语另一方面叫人熟读，学会吟诗。我们现在也劝高中学生熟读，熟读才真是吟味，才能欣赏到精微处。但现在却无须再学作旧体诗了。

本书流传既广，版本极多。原书有注释和评点，该是出于编者之手。注释只注事，颇简当，但不释义。读诗首先得了解诗句的文义；不能了解文义，欣赏根本说不上。书中各诗虽然比较明白易懂，又有一些注，但在初学还不免困难。书中的评，在诗的行旁，多半指点作法，说明作意，偶尔也品评工拙。点只有句圈和连圈，没有读点和密点——密点和连圈都表示好句和关键句，并用的时候，圈的比点的更重要或更好。评点大约起于南宋，向来认为有伤雅道，因为妨碍读者欣赏的自由，而且免不了成见或偏见。但是谨慎的评点对于初学也未尝没有用处。这种评点，可以帮助初学了解诗中各句的意旨，并培养他们欣赏的能力。本书评点，似乎就有这样的效用。

但是最需要的还是详细的注释。道光间，浙江省建德县人章燮鉴于这个需要，便给本书作注，成《唐诗三百首注疏》一书。他的自跋作于道光甲午，就是公元一八三四年，离蘅塘退士题辞的那年是七十一年。这注本也是"为家塾子弟起见"，很详细。有诗人小传，有事注，有意疏，并明作法，引评语；其中李白诗用王琦《李太白集注》，杜甫诗用仇兆鳌《杜诗详注》。原书的旁评也留着，但连圈没有——原刻本并句圈也没有。书中还增补了一些诗，却没有增选诗家。以注书的体例而论，这部书可以说是驳杂不纯，而且不免繁琐疏漏附会等毛病。书中有"子墨客卿"（名翰，姓不详）的校正语十来条，都确切可信。但在初学，这却是一部有益的书。这部书我只见过两种刻本。一种是原刻本。另一种是坊刻本，四川常见。这种刻本有句圈，书眉增录各家评语，并附道光丁酉（公元一八三七）印行的江苏金坛于庆元的《续选唐诗三百首》。读《唐诗三百首》用这个本子最好。此外还有商务印书馆铅印本《唐诗三百首》，根据蘅塘退士的原本而未印评语。又，世界书局石印《新体广注唐诗三百首读本》，每诗后有"注释"和"作法"两项。"注释"注事比原书详细些；兼释字义，却间有误处。"作法"兼说明作意，还得要领。卷首有"学诗

"浅说"，大致简明可看。书中只绝句有连圈，别体只有句圈；绝句连圈处也跟原书不同，似乎是抄印时随手加上，不足凭信。

本书编配各体诗，计五言古诗三十三首，乐府七首，七言古诗二十八首，乐府十四首，五言律诗八十首，七言律诗五十首，乐府一首，五言绝句二十九首，乐府八首，七言绝句五十一首，乐府九首，共三百一十首。五言古诗和乐府，七言古诗和乐府，两项总数差不多。五言律诗的数目超出七言律诗和乐府很多；七言绝句和乐府却又超出五言绝句和乐府很多。这不是编者的偏好，是反映着唐代各体诗发展的情形。五言律诗和七言绝句作的多，可选的也就多。这一层下文还要讨论。五、七、古、律、绝的分别都在形式，乐府是题材和作风不同。乐府也等下文再论，先说五、七、古、律、绝的形式。这些又大体为两类：古体诗和近体诗。五七言古诗属于前者，五七言律绝属于后者。所谓形式，包括字数和声调（即节奏），律诗再加对偶一项。五言古诗全篇五言句，七言古诗或全篇七言句，或在七言句当中夹着一些长短句。如李白《庐山谣》开端道：

我本楚狂人，狂歌笑孔丘。

手持绿玉杖，朝别黄鹤楼。

五岳寻山不辞远，一生好入名山游。

又如他的《宣州谢朓楼饯别校书叔云》开端道：

弃我去者昨日之日不可留，乱我心者今日之日多烦忧。

长风万里送秋雁，对此可以酣高楼。

这些都是五七言古诗。五七言古诗全篇没有一定的句数。古近体诗都得用韵，通常两句一韵，押在双句末字；有时也可以一句一韵，开端时便多如此。上面引的第一例里"丘""楼""游"是韵，两句间见；第二例里"留"和"忧"是逐句韵，"忧"和"楼"是隔句韵。古体诗的声调比较近乎语言之自然，七言更其如此，只以读来顺口听来顺耳为标准。但顺口顺耳跟着训练的不同而有等差，并不是一致的。

近体诗的声调却有一定的规律；五七言绝句还可以用古体诗的声调，律诗老得跟着规律走。规律的基础在字调的平仄。字调就是平上去入四声，上去入都是仄声。五七言律诗基本的平仄式之一如次：

五　律

仄仄平平仄　平平仄仄平
平平平仄仄　仄仄仄平平
仄仄平平仄　平平仄仄平
平平平仄仄　仄仄仄平平

七　律

平平仄仄仄平平　仄仄平平仄仄平
仄仄平平仄仄　平平仄仄仄平平
平平仄仄平平仄　仄仄平平仄仄平
仄仄平平平仄仄　平平仄仄仄平平

即使不懂平仄的人也能看出律诗是两组重复、均齐的节奏所构成，每组里又自有对称、重复、变化的地方。节奏本是异中有同，同中有异，律诗的平仄式也不外这个理。即使不懂平仄的人只默诵或朗吟这两个平仄式，也会觉得顺口顺耳；但这种顺口顺耳是音乐性的，跟古体诗不同，正和语言跟音乐不同一样。律诗既有平仄式，就只能有八句，五律是四十字，七律是五十六字——排律不限句数，但本书里没有。绝句的平仄式照律诗减半——七绝照七律的前四句，就是只有一组的节奏。这里所举的平仄式只是最基本的，其中有种种重复的变化。懂得平仄的自然渐渐便会明白。不懂平仄的，只要多读，熟读，多朗吟，也能欣赏那些声调变化的好处，恰像听戏多的人不懂板眼也能分别唱的好坏，不过不大精确就是了。四声中国人人语言中有，但要辨别某字是某声，却得受过训练才成。从前的训练是对对子跟读四声表，都在幼小的时候。现在高中学生不能辨别四声也就是不懂平仄的，大概有十之八九。他们若愿意懂，不妨试读四声表。这只消从《康熙字典》卷首附载的《等韵切音指南》里选些容易读的四声如"巴把霸捌""庚梗更格"之类，得闲就练习，也许不难一旦豁然贯通（中华书局出版的《学诗入门》里有一个四声表，似乎还容易读出，也可用）。律诗还有一项规律，就是四句中得两两对偶，这层也在下文论。

初学人读诗，往往给典故难住。他们一回两回不懂，便望而生畏，因畏而懒；这会断了他们到诗去的路。所以需要注释。但典故多半只是历史的比喻和神仙的比喻；用典故跟用比喻往往是一个理，并无深奥可畏之处。不过比喻多取材于眼前的事物，容易了解些罢了。广义的比喻连典故在内，是诗的主要的生命素；诗的含蓄，诗的多义，诗的暗示力，主要的建筑在广义的比喻上。那些取材于经验和常识的比喻，一般所谓比喻只指这些，可以称为事物的比喻，跟历史的比喻，神仙的比喻是鼎足而三。这些比喻（广义，后同）都有三个成分：一、喻依，二、喻体，三、意旨。喻依是作比喻的材料，喻体是被比喻的材料，意旨是比喻的用意所在。先从事物的比喻说起。如"天边树若荠"（五古，孟浩然，《秋登兰山寄张五》），荠是喻依，天边树是喻体，登山望远树，只如荠菜一般，只见树的小和山的高，是意旨。意旨却没有说出。又，"今朝此为别，何处还相遇？世事波上舟，沿洄安得住！"（五古，韦应物，《初发扬子寄元大校书》）世事是喻体，沿洄不得住的波上舟是喻依，惜别难留是意旨——也没有明白说出。又，"吴姬压酒劝客尝"（七古，李白，《金陵酒肆留别》），当垆是喻体，压酒是喻依，压酒的"压"和所谓"压装"的"压"用法一样，压酒是使酒的分量加重，更值得"尽觞"（原诗，"欲行不行各尽觞"）。吴姬当垆，助客酒兴是意旨。这里只说出喻依。又，"辞严义密读难晓，字体不类隶与蝌。年深岂免有缺画？快剑斫断生蛟鼍。鸾翔凤翥众仙下，珊瑚碧树交枝柯，金绳铁索锁钮壮，古鼎跃水龙腾梭。"（七古，韩愈，《古鼓歌》）"快剑"以下五句都是描写石鼓的字体的。这又分两层。第一，专描写残缺的字。缺画是喻体，"快剑"句是喻依，缺画依然劲挺有生气是意旨。第二，描写字体的一般。字体便是喻体，"鸾翔"以下四句是五个喻依——"古鼎跃水"跟"龙腾梭"各是一个喻依。意旨依次是隽逸，典丽，坚壮，挺拔——末两个喻依只一个意旨——都指字体而言，却都未说出。又，"大弦嘈嘈如急雨，小弦切切如私语；嘈嘈切切错杂弹，大珠小珠落玉盘。间关莺语花底滑，幽咽泉流冰下难"（原作"水下滩"，依段玉裁说改——七古，白居易，《琵琶行》）。这几句都描写琵琶的声音。大弦嘈嘈跟小弦切切各是喻体，急雨跟私语各是喻依，意旨一个是高而急，一个是低而急。"嘈嘈"句又是喻体，"大珠"句是喻依，圆润是意旨。"间关"二句各是一个喻依，喻体是琵琶的声音；前者的意旨是明滑，后者是幽涩。头两层的意旨未说出，这一层喻体跟意旨都未说出。事物的比喻虽然取材于经验和常识，却得新鲜，才能增强情感的力量；这需要创造的工夫。新鲜还得入情入理，才能让读者消化；这需要雅正的品味。

有时全诗是一套事物的比喻，或者一套事物的比喻渗透在全诗里。前者如朱庆余《近试上张水部》：

洞房昨夜停红烛，待晓堂前拜舅姑。

妆罢低声问夫婿，"画眉深浅入时无？"（七绝）

唐代士子应试，先将所作的诗文呈给在朝的知名人看。若得他赞许宣扬，登科便不难。宋人诗话里说，"庆余遇水部郎中张籍，因索庆余新旧篇什，寄之怀袖而推赞之，遂登科"。这首诗大概就是呈献诗文时作的。全诗是新嫁娘的话，她在拜舅姑以前问婿，画眉深浅合适否？这是喻依。喻体是近试献诗文给人，朱庆余是在应试以前问张籍，所作诗文合适否？新嫁娘问画眉深浅，为的请夫婿指点，好让舅姑看得入眼。朱庆余向诗文合适与否，为的请张籍指点，好让考官看得入眼。这是全诗的主旨。又，骆宾王《在狱咏蝉》：

西陆蝉声唱，南冠客思深。

那堪玄鬓影，来对白头吟。

露重飞难进，风多响易沉。

无人信高洁，谁为表予心！（五律）

这是闻蝉声而感身世。蝉的头是黑的，是喻体，玄鬓影是喻依，意旨是少年时不堪回首。"露重"一联是蝉，是喻依，喻体是自己，身微言轻是意旨。诗有长序，序尾道："庶情沿物应，哀弱羽之飘零，道寄人知，悯余声之寂寞。"正指出这层意旨。"高洁"是蝉，也是人，是自己；这个词是双关的，多义的。又，杜甫《古柏行》（七古）咏夔州武侯庙和成都武侯祠的古柏，作意从"君臣已与时际会，树木犹为人爱惜"二语见出。篇末道：

大厦如倾要梁栋，万牛回首丘山重。

不露文章世已惊，未辞剪伐谁能送？

苦心岂免容蝼蚁？香叶终经宿鸾凤。

志士幽人莫怨嗟，古来材大难为用。

大厦倾和梁栋虽已成为典故，但原是事物的比喻。两者都是喻依。前者的喻体是国家乱；大厦倾会压死人，国家乱人民受难，这是意旨。后者的喻体是大臣，梁栋支柱大厦，大臣支持国家，这是意旨。古柏是栋梁材，虽然"不露文章世已惊"，也乐意供世用，但是太重了，太大了，谁能送去供用呢？无从供用，渐渐心空了，蚂蚁爬进去了；但是"香叶终经宿鸾凤"，它的身分还是高的。这是喻依。喻体是怀才不遇的志士幽人。志士幽人本有用世之心，但是才太大了，无人真知灼见，推荐入朝。于是贫贱衰老，为世人所揶揄，但是他们的身分还是高的。这里材大难为用，是意旨。

典故只是故事的意思。这所谓故事包罗的却很广大。经史子集等等可以说都是的；不过诗文里引用，总以常见的和易知的为主。典故有一部分原是事物的比喻，有一部分是事迹，另一部分是成辞。上文说典故是历史的比喻和神仙的比喻，是专从诗文的一般读者着眼，他们觉得诗文里引用史事和神话或神仙故事的地方最困难。这两类比喻都应该包括着那三部分。如前节所引《古柏行》里的"大厦如倾要梁栋"，"大厦之倾，非一木所支"，见《文中子》，"栝相豫章虽小，已有栋梁之器"，是袁粲叹美王俭的话，见《晋书》。大厦倾和梁栋都是历史的比喻，同时可还是事物的比喻。又，"乾坤日夜浮"（五律，杜甫，《登岳阳楼》）是用《水经注》。《水经注》道："洞庭湖广五百里，日月若出没其中。"乾坤是喻体，日夜浮是喻依。天地中间好像只有此湖；湖盖地，天盖湖，天地好像只是日夜飘浮在湖里。洞庭湖的广大是意旨。又，"古调虽自爱，今人多不弹"（五绝，刘长卿，《弹琴》），用魏文侯听古乐就要睡觉的话，见《礼记》。两句是喻依，世人不好古是喻体，自己不合时宜是意旨，这三例不必知道出处便能明白；但知道出处，句便多义，诗味更厚些。

引用事迹和成辞不然，得知道出处，才能了解正确。如"圣代无隐者，英灵尽来归。遂令东山客，不得顾采薇。"（五古，王维，《送綦毋潜落第还乡》）。谢安曾隐居会稽东山。东山客是喻依，喻体是綦毋潜，意旨是大才隐处。采薇是伯夷、叔齐的故事，他们义不食周粟，隐于首阳山，采薇而食。采薇是喻依，隐居是喻体，自甘淡泊是意旨。又，"客心洗流水"（五律，李白，《听蜀僧濬弹琴》），流水用俞伯牙、钟子期的故事，俞伯牙弹琴，志在流水。钟子期就听出了，道："洋洋乎，若江河！"诗句是倒装，原是说流水洗客心。流水是喻依，喻体是蜀僧濬的琴曲，意旨是曲调高妙。洗流水又是双关的，多义的。洗是喻依，净是喻体，高妙的琴曲涤净客心的俗虑是意旨。洗流水又是喻依，喻体是客心；听琴而客心清净，像流水洗过一般，是意旨。又，钱起《送僧归日本》（五律）道："……浮天沧海远，去世法舟轻。……惟怜一灯影，万里眼中明。"一灯影用《维摩经》。经里道："有法门，名无尽灯。譬如一灯燃百千灯，冥者皆明，明终不尽。夫一菩萨开导百千众生，令发阿耨多罗三藐三菩提心（译言"无上正等正觉心"），其于道意亦不灭尽。是名无尽灯。"这儿一灯是喻依，喻体是觉者；一灯燃千百灯，一觉者造成千百觉者，道意不灭是意旨。但在诗句里，一灯影却指舟中禅灯的光影，是喻依，喻体是那日本僧，意旨是他回国传法，辗转无尽。——"惟怜"是"最爱"的意思。又，"后来鞍马何逡巡，当轩下马入锦茵。杨花雪落覆白苹，青鸟飞去衔红巾。炙手可热势绝伦，慎莫近前丞相嗔！"（七古，乐府，杜甫，《丽人行》）全诗咏三月三日长安水边游乐的情形，以杨国忠兄妹为主。诗中上文说到虢国夫人和秦国夫人，这几句说到杨国忠——他那时是丞相。"杨花"二语正是暮春水边的景物。但是全诗里只在这儿插入两句景语，奇特的安排暗示别有用意。北魏胡太后私通杨华作《杨白花歌辞》，有"杨花飘荡落南家"，"愿衔杨花入窠里"等语。白苹，旧说是杨花入水所化。杨国忠也和虢国夫人私通。"杨花"句一方面是个喻依，喻体便是这件事实。杨国忠兄妹相通，都是杨家人。所以用杨花覆白苹为喻，暗示讥刺的意旨。青鸟是西王母传书带信的侍者。当时总该有些侍婢是给那兄妹二人居间。"青鸟"句一方面也是喻依，喻体便是这些居间的侍婢，意旨还是讥刺杨国忠不知耻。青鸟是神仙的比喻。这两句隐约其辞，虽志在讥刺，而言之者无罪。又杜甫《登楼》（七律）：

花近高楼伤客心，万方多难此登临。

锦江春色来天地，玉垒浮云变古今。

北极朝廷终不改，西山寇盗莫相侵。

可怜后主还祠庙，日暮聊为《梁父吟》。

旧注说本诗是代宗广德二年在成都作。元年冬，吐蕃陷京师，郭子仪收复京师，请代宗反正。所以有"北极"二句。本篇组织用赋体，以四方为骨干。锦江在东，玉垒山在西。"北极"二句是北眺所思。当时后主附祀先主庙中，先主庙在成都城南。"可怜"二句正是南瞻所感（罗庸先生说，见《国文月刊》九期）。可怜后主还有祠庙，受祭享；他信任宦官，终于亡国，孤负了诸葛亮出山一番。《三国志》里说"亮躬耕陇亩，好为《梁父吟》"，《梁父吟》的原辞不传（流传的《梁父吟》决不是诸葛亮的《梁父吟》），大概慨叹小人当道。这二语一方面又是喻依，喻体是代宗和郭子仪；代宗也信任宦官，杜甫希望他"亲贤臣，远小人"（诸葛亮《出师表》中语），这是意旨。"日暮"句又是一喻依，喻体是杜甫自己；想用世是意旨。又，"今朝郡斋冷，忽念山中客。涧底束荆薪，归来煮白石"（五古，韦应物，《寄全椒山中道士》），煮白石用鲍靓事。《晋书》："靓学兼内外，明天文河洛书。尝入海，遇风，饥甚。取白石煮食之。"煮白石是喻依，喻体是那山中道士，他的清苦生涯是意旨。这也是神仙的比喻。又，"总为浮云能蔽日，长安不见使人愁"（七律，李白，《登金陵凤凰台》），两句一贯，思君的意思似甚明白。但乐府《古杨柳行》道，"谗邪害公正，浮云冷白日"，古句也道，"浮云蔽白日，游子不顾反"，本诗显然在引用成辞。陆贾《新语》说："邪官之蔽贤，犹浮云之障日月。"本诗的"浮云能蔽日"一方面也是喻依，喻体大概是杨国忠等遮塞贤路。意旨是邪臣蔽君误国；所以有"长安"句。历史的比喻和神仙的比喻引用故事，得增减变化，才能新鲜入目。宋人所谓"以旧为新"，便是这意思。所引各例可见。

典故渗透全诗的，如孟浩然《临洞庭上张丞相》（五律）：
八月湖水平，涵虚混太清。
气蒸云梦泽，波撼岳阳城。
欲济无舟楫，端居耻圣明。
坐观垂钓者，徒有羡鱼情。
张丞相是张九龄，那时在荆州。前四语描写洞庭湖，三四是名句。后四语蝉联而下，还是就湖说，只"端居"句露出本意，这一语便是《论语》"邦有道,贫且贱焉,耻也"的意思。"欲济"句一方面说想渡湖上荆州去,却没有船,一方面是一喻依。伪《古文尚书·说命》殷高宗命傅说道,若济巨川,"用汝作舟楫"。本诗用这喻依,喻体却是欲用世而无引进的人,意旨是希望张丞相援手。"坐观"二语是一喻依。《汉书》用古人言,"临渊羡鱼,不如退而结网"。本诗里网变为钓。这一联的喻体是羡人出仕而得行道。自己无钓具,只好羡人家钓得的鱼,自己不得仕,只好羡人家行道。意旨同上。

全诗用典故最多的,应推杜甫《寄韩谏议注》一首(七古):

今我不乐思岳阳,身欲奋飞病在床。
美人娟娟隔秋水,濯足洞庭望八荒。
鸿飞冥冥日月白,青枫叶赤天雨霜。
玉京群帝集北斗,或骑麒麟翳凤凰。
芙蓉旌旗烟雾落,影动倒景摇潇湘。
星宫之君醉琼浆,羽人稀少不在旁。
似闻昨者赤松子,恐是汉代韩张良。
昔随刘氏定长安,帷幄未改神惨伤。
国家成败吾岂敢,色难腥腐餐枫香。
周南留滞古所惜,南极老人应寿昌。
美人胡为隔秋水!焉得置之贡玉堂!

韩谏议的名字事迹无考。从诗里看,他是楚人,住在岳阳。肃宗平定安史之乱,收复东西京,他大约也是参与机密的一人。后来去官归隐,修道学仙。这首诗是爱惜他,思念他。第一节说思念他,是秋日,自己是在病中。美人这喻依见《楚辞》,但在这儿喻体是韩谏议,意旨是他的才能出众。"鸿飞冥冥,弋人何篡焉!"见扬雄《法言》。这儿一方面描写秋天的实景,一方面是喻依;喻体还是韩谏议,意旨是他已逃出世网。第二节说京师贵官声势煊赫,而韩谏议不在朝。本节差不多全是神仙的比喻,各有来历。"玉京"句一喻依,喻体是集于君侧的朝廷贵官，意旨是他们承君命掌大权。"或骑"二语一套喻依，"烟雾落"就是落在烟雾中，喻体同上句，意旨是他们的骑从仪卫之盛。影是芙蓉旌旗的影。"影动"句一喻依，喻体是声势煊赫，从京师传遍天下；意旨是在潇湘的韩谏议也必闻知这种声势。星宫之君就是太京群帝，醉琼浆的喻体是宴饮，意旨是征逐酒食。羽人是飞仙，羽人稀少就是稀少的羽人；全句一喻依，喻体是一些远隐的臣僚不在这繁华场中，意旨是韩谏议没有分享到这种声势。第三节说韩谏议曾参与定乱收京大计，如今却不问国事，修道学仙。本节是神仙的比喻夹着历史的比喻。昨者是从前的意思。如今的赤松子，昨者"恐是汉代韩张良"。韩张良跟赤松子的喻体都是韩谏议，前者的意旨是他有谋略，后者的意旨是他修道学仙。别的喻依可以此类推下去。第四节说他闲居不出很可惜，祝他老寿，希望朝廷再起用他来匡君济世。太史公司马谈因病留滞周南，不得参与汉武帝的封禅大典，引为平生恨事。诗中"周南留滞"是喻依，喻体是韩谏议，意旨是他闲居乡里。南极老人就是寿星，是喻依，喻体同，意旨便是"应寿昌"。以上只阐明大端，细节从略。

诗和文的分别，一部分是在词句篇段的组织上，诗的组织比文的组织要经济些。引用比喻或典故，一个原因便是求得经济的组织。在旧体诗里，有字数、声调、对偶等制限，有时更不得不铸造一些特别经济的组织来适应。这种特殊的组织在文里往往没有，至少不常见。初学遇到这种地方也感困难，或误解，或竟不懂。这得去看详细的注释。但读诗多了，常常比较着看，也可明白。这种特殊的组织也常利用比喻或典故组成，那便更复杂些。如刘长卿《送李中丞归汉阳别业》（五律）：

流落征南将，曾驱十万师。
罢归无旧业，老去恋明时。
独立三边静，轻生一剑知。

茫茫江汉上，日暮欲何之！

"轻生一剑知"就是一剑知轻生的意思；轻生是说李中丞作征南将时不顾性命杀敌人。一剑知就是自己知；剑是杀敌所用，是自己的一部分，部分代全体是修辞格之一。自己知又有两层用意：一是问心无愧，忠可报君，二是只有自己知，别人不知。上下文都可印证。又，"即此羡闲逸，怅然吟式微"（五古，王维，《渭川田家》），"式微"用《诗经》。《式微》篇道："式微，式微，胡不归！"本诗的《式微》是篇名，指的是这篇诗。吟《式微》，只是取"胡不归"那一语，用意是"何不归田呢"。又"惟将迟暮供多病，未有涓埃答圣朝"（七律，杜甫，《野望》），"恐美人之迟暮"见《楚辞》，迟暮是老大无成的意思。"惟将"句是说自己已老大，不曾有所建树报答圣朝，加上迟暮的年光又都消磨在多病里，虽然"海内风尘"（见本诗第三句），却丝毫的力量也不能尽。"供"是喻依，杜甫自己是喻体，消磨在里面是意旨。这三例都是用辞格（也是一种比喻）或典故组成的。又如李颀《送陈章甫》（七古）末尾道，"闻道故林相识多，罢官昨日今如何？"昨日罢官，想到就要别了许多朋友归里，自然不免一番寂寞；但是"闻道故林相识多"，今日临行，想到就要会见着那些故林相识的朋友，又觉如何呢？——该不会寂寞了吧？昨今对照，用意是安慰。——昨日是日前的意思。又刘长卿《寻南溪常道士》：

一路经行处，莓苔见屐痕。
白云依静渚，芳草闭闲门。
过雨看松色，随山到水源。
溪花与禅意，相对亦忘言。

去寻常道主，他不在寓处；"随山到水源"才寻着。对着南溪边的花和常道士的禅意，却不觉忘言。相对是和"溪花与禅意"相对着。禅意给人妙悟，溪花也给人妙悟——禅家有拈花微笑的故事，那正是妙悟的故事——，所以说"与"。妙悟是忘言的。寻着了常道士，却被溪花与禅意吸引住！只顾欣赏那无言之美，不想多交谈，所以说"亦"忘言。又，韦应物《送杨氏女》（五古），是送女儿出嫁杨家，前面道："女子今有行，大江溯轻舟。尔辈苦无恃，抚念益慈柔。幼为长所育，两别泣不休。"篇尾道："归来视幼女，零泪缘缨流。"全诗不曾说出杨氏女是长女，但读了这几句关系自然明白。

　　倒装这特殊的组织，诗里也常见。如"竹喧归浣女，莲动下渔舟"（五律，王维，《山居秋暝》），"归浣女""下渔舟"就是浣女归，渔舟下。又，"家书到隔年"（五律，杜牧，《旅宿》）就是家书隔年到。又，"东门酤酒饮我曹"（七古，李颀，《送陈章甫》），"饮我曹"就是我曹饮，从上下文可知。又，"名岂文章著，官应老病休"（五律，杜甫，《旅夜书怀》），就是文章岂著名，老病应休官。又，"幽映每白日"（五律，刘眘虚，《阙题》），就是白日每幽映。又，"徒劳恨费声"（五律，李商隐，《蝉》），就是费声恨徒劳。又，"竹怜新雨后，山爱夕阳时"（五律，钱起，《谷口书斋寄杨补阙》），就是怜新雨后之竹，爱夕阳时之山——怜爱同意。又，"独夜忆秦关，听钟未眠客"（五古，韦应物，《夕次盱眙县》）就是听钟未眠客，独夜忆秦关。这些倒装句里纯然为了适应字数声调对偶等限制的却没有，它们主要的作用还在增强语气。此外如"何因不归去，淮上对秋山？"（五律，韦应物，《淮上喜会梁州故人》）这是诘问自己，"何因"直贯下句，二语合为一句。这也为了经济的缘故。——至如"少陵无人谪仙死"（七古，韩愈，《石鼓歌》），"无人"也就是"死"。这是求新，求惊人。又，"百年多是几多时"（七律，元稹，《遣悲怀》之三），是说百年虽多，究竟又有多少时候呢。这也许是当时口语的调子。又如"云中君不见"（五律，马戴，《楚江怀古》），云中君是一个词，这句诗上三字下二字，跟一般五言句上二下三的不同，但似乎只是个无意为之的例外，跟古诗里"出郭门直视"一般。可是如"永夜角声悲自语，中天月色好谁看"（七律，杜甫，《宿府》），"五更鼓角声悲壮，三峡星河影动摇"（七律，杜甫，《阁夜》），都是上五下二，跟一般七言句上四下三或上二下五的不同；又，"近寒食雨草萋萋，著麦苗风柳映堤"（七绝，无名氏，《杂诗》），每句上四字作一二一，而一般作二二或三一。这些却是有意变调求新了。

　　本书选诗，各方面的题材大致都有，分配又匀称，没有单调或琐屑的弊病。这也是唐代生活小小的一个缩影。可是题材的内容虽反映着时代，题材的项目却多是汉魏六朝诗里所已有。只有音乐图画似乎是新的。赋里有以音乐为题材的，但晋以来就少。唐代音乐图画特别发达，反映到诗里，便增加了题材的项目。这也是时势使然。在各种题材里，"出处"是一重大的项目。从前读书人唯一的出路是出仕，出仕为了行道，自然也为了衣食。出仕以前的隐居，干谒，应试（落第）等，出仕以后的恩遇，迁谪，乃至忧民，忧国，思林栖，思归田等，乃至真个辞官归田，都是常见的诗的题目，本书便可作例。仕君行道是儒家的思想，隐居和归田都是道家的思想。儒道两家的思想合成了从前的读书人。但是现在时势变了，读书人不一定出仕，林栖、归田等思想也绝无仅有。有些人读这些诗，也许会觉得不真切，青年学生读书，往往只凭自己的狭隘的兴趣，更容易有此感。但是会读诗的人，多读诗的人能够设身处地，替古人着想，依然觉得这些诗真切。这是情感的真切，不是知识的真切。这些人不但对于现在有情感，对于过去也有情感。他们知道唐人的需要，唐人的得失，和现代人不一样，可是在读唐诗的时候，只让那对于过去的情感领着走；这种无私，无我，无关心的同情教他们觉到这些诗的真切。这种无关心的情感需要慢慢调整自己，扩大自己，才能养成。多读史，多读诗，是一条修养的途径，就是那些比较有普遍性的题材，如相思，离别，慈幼，慕亲，友爱等也还是需要无关心的情感。这些题材的节目多少也跟着时代改变一些，固执"知识的真切"的人读古代的这些诗，有时也不能感到兴趣。

至于咏古之作，如唐玄宗《经鲁祭孔子而叹之》（五律），是古人敬慕古人，纪时之作；如李商隐《韩碎》（七古），是古人论当时事。虽然我们也敬慕孔子，替韩愈抱屈，但知识的看，古人总隔一层。这些题材的普遍性比前一类低减些，不过还在"出处"那项目之上。还有，朝会诗，如岑参，王维《和贾舍人早朝大明宫之作》（七律），见出一番堂皇富丽的气象；又，宫词，往往见出一番怨情，宛转可怜。可是这些题材现代生活里简直没有。最别扭的是边塞和从军之作，唐人很喜欢作这类诗，而悯苦寒饥黩武的居多数，跟现代人冒险尚武的精神恰恰相反。但荒寒的边塞自是一种新境界，从军苦在当时也是一种真情的流露；若能节取，未尝没有是处。要能欣赏这几类诗，那得靠有无关心的情感。此外，唐人酬应的诗很多，本书里也可见。有些人觉得作诗该等候感兴，酬应的诗不会真切。但伫兴而作的人向来大概不多；据现在所知，只有孟浩然是如此。作诗都在情感平静了的时候，运思造句都得用到理智；伫兴而作是无所为，酬应而作是有所为，在工力深厚的人其实无多差别。酬应的诗若能恰如其分，也就见得真切。况且这种诗里也不短至情至性之作。总之，读诗得除去偏见和成见，放大眼光，设身处地看去。

明代高棅编选《唐诗品汇》，将唐诗分为四期。后来虽有种种批评，这分期法却渐被一般沿用。初唐是高祖武德元年（公元六一八）至玄宗开元初（公元七一三），约一百年。盛唐是玄宗开元元年至代宗大历初（公元七六六），五十多年。中唐是代宗大历元年至文宗太和九年（公元八三五），七十年。晚唐是文宗开成元年（公元八三六）至昭宗天祐三年（公元九〇六），八十年。初唐诗还是齐梁的影响，题材多半是艳情和风云月露，讲究声调和对偶。到了沈佺期、宋之问手里，便成立了律诗的体制。这是唐代诗坛一件大事，影响后世最大。当时有个陈子昂，独主张复古，扩大诗的境界。但他死得早，成就不多。盛唐诗李白努力复古，杜甫努力开新。所谓复古，只是体会汉魏的作风和借用乐府诗的题目，并非模拟词句。所以陈子昂、李白都能够创一家，而李白的成就更大。他的成就主要的在七言乐府；绝句也独步一时。杜甫却各体诗都是创作，全然不落古人窠臼。他以时事入诗，议论入诗，使诗散文化，使诗扩大境界；一方面研究律诗的变化，用来表达各种新题材。他的影响的久远，似乎没有一个诗人比得上。这时期作七古体的最多，为的这一体比较自由，又刚在开始发展。而王维、孟浩然专用五律写山水，也能变古成家。中唐诗韦应物、柳宗元的五古以复古的作风创作，各自成家。古文家韩愈继承杜甫，更使诗向散文化的路上走。宋诗受他的影响极大。他的门下作诗，有词句冷涩的，有题材诡僻的；本书里只选了贾岛一首。另一面有些人描写一般的社会生活，这原是乐府精神，却也是杜甫开的风气。元稹、白居易主张诗该写社会生活而有规讽的作意，才是正宗。但他们的成就却不在此而在情景深切，明白如话。他们不避俗，跟韩愈一派恰相对照；可也出于杜甫。晚唐诗刻画景物，雕琢词句，题材又回到风云月露和艳情上，只加了一些雅事。诗境重趋狭窄，但精致过于前人。这时期的精力集中在近体诗。精致的只是词句，全篇组织往往配合不上。就中李商隐、温庭筠虽咏艳情，却有大处奇处，不跼蹐在绮靡的圈子里；而李商隐学杜学韩境界更广阔些。学杜韩而兼受温李熏染的是杜牧，豪放之余，不失深秀。本书选诗七十七家，初唐不到十家，盛中晚三期各二十多家。入选的诗较多的八家，盛唐四家：杜甫的三十六首，王维二十九首；李白二十九首，孟浩然十五首。中唐二家：韦应物十二首，刘长卿十一首。晚唐二家：李商隐二十四首，杜牧十首。

李白诗，书中选五古三首，乐府三首，七古四首，乐府五首，五律五首，七律一首，五绝二首，乐府一首，七绝二首，乐府三首。各体都备，七古和乐府共九首，最多，五七绝和乐府共八首，居次。李白，字太白，蜀人，玄宗时作供奉翰林，触犯了杨贵妃，不能得志。

他是个放浪不羁的人，便辞了职，游山水，喝酒，作诗。他的态度是出世的；作诗全任自然。当时称他为"天上谪仙人"，这说明了他的人和他的诗。他的乐府很多，取材很广；他其实是在抒写自己的生活，只借用乐府的旧题目而已。他的七古和乐府篇幅恢宏，气势充沛，增进了七古体的价值。他的绝句也奠定了一种新体制。绝句最需要经济地写出，李白所作，自然含蓄，情韵不尽。书中所收《下江陵》一首，有人推为唐代七绝第一。杜甫诗，计五古五首，七古五首，乐府四首，五七律各十首，五七绝各一首。只少五言乐府，别体都有。律诗共二十首，最多；七古和乐府共九首，居次。杜甫，字子美，河南巩县人。安禄山陷长安，肃宗在灵武即位。他从长安逃到灵武，作了左拾遗的官。后因事被放，辗转流落到成都，依故人严武，作到"检校工部员外郎"。世称杜工部。他在蜀住的很久。他是儒家的信徒，一辈子惦着仕君行道；又身经乱离，亲见民间疾苦。他的诗努力描写当时的情形，发抒自己的感想。唐代用诗取士，诗原是应试的玩意儿；诗又是供给乐工歌妓唱来伺候宫廷和贵人的玩意儿。李白用来抒写自己的生活，杜甫用来抒写那个大时代，诗的境界扩大了，地位也增高了。而杜甫抓住了广大的实在的人生，更给诗开辟了新世界。他的诗可以说是写实的，这写实的态度是从乐府来的。他使诗历史化，散文化，正是乐府的影响。七古体到他手里正式成立，律诗到他手里应用自如——他的五律极多，差不多穷尽了这一体的变化。

王维诗，计五古五首，七言乐府三首，五律九首，七律四首，五绝五首，七绝和乐府三首，五律最多。王维，字摩诘，太原人，试进士，第一，官至尚书右丞。世称王右丞。他会草书隶书，会画画。有别墅在辋川，常和裴迪去游览作诗。沈宋的五律还多写艳情，王维改写山水，选词造句都得自出心裁。从前虽也有山水诗，但体制不同，无从因袭。苏轼说他"诗中有画"。他是苦吟的，宋人笔记里说他曾因苦吟走入醋缸里；他的《渭城曲》（乐府），有人也推为唐代七绝压卷之作。他的诗是精致的。孟浩然诗，计五古三首，七古一首，五律九首，五绝二首，也是五律最多。孟浩然，名浩，以字行，襄州襄阳人，隐居鹿门山，四十岁才游京师。张九龄在荆州，召为僚属。他用五律写江湖，却不苦吟，伫兴而作。他专工五言，五言各体都擅长。山水诗不但描写自然，还欣赏自然；王维的描写比孟浩然多些。

韦应物诗，五古七首，五律二首，七律一首，五七绝各一首，五古多。韦应物，京兆长安人，作滁州刺史，改江州，入京作左司郎中，又出作苏州刺史。世称韦左司或韦苏州。他为人少食寡欲，常焚香扫地而坐。诗淡远如其人。五古学古诗，学陶诗，指事述情，明白易见——有理语也有理趣，正是陶渊明所长。这些是淡处。篇幅多短，句子浑含不刻画，是远处。朱子说他的诗无一字造作，气象近道。他在苏州所作《郡斋雨中与诸文士燕集》诗开端道："兵卫森画戟，宴寝凝清香；海上风雨至，逍遥池阁凉。"诗话推为一代绝唱，也只是为那肃穆清华的气象。篇中又道："自惭居处崇，未睹斯民康"。《寄李儋元锡》（七律）也道，"邑有流亡愧俸钱"，这是忧民；识得为政之体，才能有些忠君爱民之言。刘长卿诗，计五律五首，七律三首，五绝三首，五律最多。刘长卿，字文房，河间人，登进士第，官终随州刺史。世称刘随州。他也是苦吟的人，律诗组织最为精密整炼；五律更胜，当时推为"五言长城"。上文曾举过两首作例，可见出他的用心处。

李商隐诗，计七古一首，五律五首，七律十首，五绝一首，七绝七首，七律最多，七绝居次。李商隐，字义山，河内人，登进士第。王茂元镇河阳，召他掌书记，并使他作女婿。王茂元是李德裕同党；李德裕和令狐楚是政敌。李商隐和令狐楚本有交谊，这一来却得罪了他家。后来令狐楚的儿子令狐绹作了宰相，李商隐屡次写信表明心迹，他只是不理。这是李商隐一生的失意事，诗中常常涉及，不过多半隐约其辞。后来柳仲郢镇东蜀，他去作过节度判官。他博学强记，又有隐衷，诗里的典故特别多。他的七律里有好些《无题》诗，一方面像是相思不相见的艳情诗，另一方面又像是比喻，咏叹他和令狐绹的事，寄托那"不遇"的意旨。还有那篇《锦瑟》，虽有题，解者也纷纷不一。那或许是悼亡诗，或许也是比喻。又有些咏史诗，如《隋宫》，或许不只是咏古，还有刺时的意旨。他的诗语既然是一贯的隐约，读起来便只能凭文义、典故和他的事迹作一些可能的概括的解释。他的七绝里也有这种咏史或游仙诗，如《隋宫》、《瑶池》等。这些都是奇情壮采之作——一方面七律的组织也有了进步，所以入选的多。他的七绝最著名的可是《寄令狐郎中》一首。杜牧诗，五律一首，七绝九首，几乎是专选一体。杜牧，字牧之，登进士第。牛僧孺镇扬州，他在节度府掌书记，又作过司勋员外郎。世称杜司勋，又称小杜——杜甫称老杜。他很有政治的眼光，但朝中无人，终于是个失意者。他的七绝感慨深切，情辞新秀。《泊秦淮》一首也曾被推为压卷之作。

　　唐以前的诗，可以说大多数是五古，极少数是七古；但那些时候并没有体制的分类。那些时候诗的分类，大概只从内容方面看；最显著的一组类别是五言诗和乐府诗。五言诗虽也从乐府转变而出，但从阮籍开始，已经高度的文人化，成为独立的抒情写景的体制。乐府原是民歌，叙述民间故事，描写各社会的生活，有时也说教，东汉以来文人仿作乐府的很多，大都沿用旧题旧调，也是五言的体制。汉末旧调渐亡，文人仿作，便只沿用旧题目；但到后来诗中的话也不尽合于旧题目。这些时候有了七言乐府，不过少极；汉魏六朝间著名的只有曹丕的《燕歌行》，鲍照的《行路难》十八首等。乐府多朴素的铺排，跟五言诗的浑含不露有别。五言诗经过汉魏六朝的演变，作风也分化。阮籍是一期，陶渊明、谢灵运是一期，"宫体"又是一期。阮籍抒情，"志在刺讥而文多隐避"（颜延年、沈约等注《咏怀诗》语），最是浑含不露。陶谢抒情、写景、说理，渐趋详切，题材是田园山水。宫体起于梁简文帝时，以艳情为主，渐讲声调对偶。

初唐五古还是宫体余风，陈子昂、张九龄、李白主张复古，虽标榜"建安"（汉献帝年号，建安体的代表是曹植），实是学阮籍。本书张九龄《感遇》二首便是例子。但盛唐五古，张九龄以外，连李白所作（《古风》除外）在内，可以说都是陶谢的流派。中唐韦应物、柳宗元也如此。陶谢的详切本受乐府的影响。乐府的影响到唐代最为显著。杜甫的五古便多从乐府变化。他第一个变了五古的调子，也是创了五古的新调子。新调子的特色是散文化。但本书所选他的五古还不是新调子，读他的长篇才易见出。这种新调子后来渐渐代替了旧调子。本书里似乎只有元结《贼退示官吏》一首是新调子；可是散文化太过，不是成功之作。至于唐人七古，却全然从乐府变出。这又有两派，一派学鲍照，以慷慨为主；另一派学晋《白纻（舞名）歌辞》（四首，见《乐府诗集》）等，以绮艳为主。李白便是著名学鲍照的；盛唐人似乎已经多是这一派。七言句长，本不像五言句的易加整炼，散文化更方便些。《行路难》里已有散文句。李白诗里又多些，如，"我欲因之梦吴越"（《梦游天姥吟留别》），又如上文举过的"弃我去者"二语。七古体夹长短句原也是散文化的一个方向。初唐陈子昂《登幽州台歌》全首道："前不见古人，后不见来者。念天地之悠悠，独怆然而涕下。"简直没有七言句，却也可以算入七古里。到了杜甫，更有意的以文为诗，但多七言到底，少用长短句。后来人作七古，多半跟着他走。他不作旧题目的乐府而作了许多叙述时事，描写社会生活的诗。这正是乐府的本来面目。本书据《乐府诗集》将他的《哀江头》、《哀王孙》等都放在七言乐府里，便是这个理。从他以后，用乐府旧题作诗的就渐渐的稀少了。另一方面，元稹、白居易创出一种七古新调，全篇都用平仄调协的律句，但押韵随时转换，平仄相间，各句安排也不像七律有一定的规矩。这叫长庆体。长庆是穆宗的年号，也是元白的集名。本书白居易的《长恨歌》、《琵琶行》都是的。古体诗的声调本来比较近乎语言之自然，长庆体全用律句，反失自然，只是一种变调，但却便于歌唱。《长恨歌》可以唱，见于记载，可不知道是否全唱。五七古里律句多的本可歌唱，不过似乎只唱四句，跟唱五七绝一样。古体诗虽不像近体诗的整炼，但组织的经济也最著重。这也是它跟散文的一个主要的分别。前举韦应物《送杨氏女》便是一例。又如李白《宣州谢朓楼饯别校书叔云》里道，"蓬莱文章建安骨，中间小谢又清发"，一方面说谢朓（小谢），一方面是比喻，且不说喻旨，只就文义看，"蓬莱"句又有两层比喻，全句的意旨是后汉文章首推建安诗。"中间"句说建安以后"大雅久不作"（见李白《古风》第一首），小谢清发，才重振遗绪；"中间""又"三个字包括多少朝代，多少诗家，多少诗，多少议论！组织有时也变换些新方式，但得出于自然。如李白《梦游天姥吟留别》（七古）用梦游和梦醒作纲领，韩愈《八月十五夜赠张功曹》用唱歌跟和歌作纲领，将两篇歌辞穿插在里头。

律诗出于齐梁以来的五言诗和乐府。何逊、阴铿、徐陵、庾信等的五言都已讲究声调和对偶。庾信的《乌夜啼》乐府简直像七律的一般；不过到了沈宋才成定体罢了。律首声调，前已论及。对偶在中间四句，就是第一组节奏的后两句，第二组节奏的前两句，也是异中有同，同中有异。这样，前四句由散趋整，后四句由整复归于散，增前两组节奏的往复回还的效用。这两组对偶又得自有变化，如一联写景，一联写情，一联写见，一联写闻之类，才不至板滞，才能和上下打成一片。所谓情景或见闻，只是从浅处举例，其实这中间变化很多，很复杂。五律如"地犹鄹氏邑，宅即鲁王宫。叹凤嗟身否，伤麟怨道穷"（唐玄宗，《经鲁祭孔子而叹之》）。四句虽两两平列，可是前一联上句范围大，下句范围小，后一联上句说平时，下句说将死，便见流走。又，"为我一挥手，如听万壑松。客心洗流水，余响入霜钟"

(李白，《听蜀僧浚弹琴》)。前联一弹一听，后联一在弹，一已止，各是一串儿。又，"遥怜小儿女，未解忆长安；香雾云鬟湿，清辉玉臂寒"(杜甫，《月夜》)。"遥怜"直贯四句。小儿女"未解忆长安"固然可怜，"香雾"云云的人(杜甫妻)解得忆长安，也许更可怜些。前联只是一句话，后联平列，两相调剂着。律诗多在四句分段，但也不尽然，从这一首可见。又，前面引过的刘长卿《寻南溪常道士》次联"白云依静渚，芳草闭闲门"，似乎平列，用意却侧重寻常道士不遇，侧重在下句。三联"过雨看松色，随山到水源"，上句景物，下句动作，虽然平列而不是一类。再说"过雨"，暗示忽然遇雨，雨住后松色才更苍翠好看；这就兼着叙事，跟单纯写景又不同。

七律如"云边雁断胡天月，陇上羊归塞草烟。回日楼台非甲帐，去时冠剑是丁年"(温庭筠，《苏武庙》)。前联平列，但不是单纯的写景句；这中间引用着《汉书·苏武传》，上句意旨是和汉朝音信断绝(雁足传书事)，下句意旨是无归期(匈奴使苏武牧牡羊，说牡羊有乳才许归汉)。后联说去汉时还是冠剑的壮年，回汉时武帝已死；"丁年奉使"见李陵《答苏武书》，甲帐是头等帐，是武帝作来敬神的，见《汉武故事》。这一联是倒装，为的更见出那"不堪回首"的用意。又，"玉玺不缘归日角，锦帆应是到天涯。于今腐草无萤火，终古垂杨有暮鸦"。(李商隐《隋宫》)日角是额骨隆起如日，是帝王之相，这儿是根据《旧唐书》，用来指太宗。锦帆指隋炀帝的游船，见《开河记》。这一联说若不因为太宗得了天下，炀帝还该游得远呢。上句是因，下句是果。放萤火，种垂杨，都是炀帝的事。后联平列，上句说不放萤火，下句说垂杨栖鸦，一有一无，却见出"而今安在"一个用意。又，李商隐《筹笔驿》中二联道："徒令上将挥神笔，终见降王走传车。管乐有才真不忝，关张无命欲何如！"筹笔驿在绵州绵谷县，诸葛武侯曾在那里驻军筹画。上将指武侯，降王指后主；管乐是管仲、乐毅，武侯早年曾自比这二人。前联也是倒装，因为"终见"，才觉"徒令"。但因"筹笔"想到"降王",即景生情,虽倒装还是自然。后联也将"有""无"对照,见出本诗末句"恨有余"的用意。七律对偶用倒装句,因果句,到晚唐才有。七言句长,整炼较难,整炼而能变化如意更难。唐代律诗刚创始,五言比较容易些,发展得自然快些。作五律的大概多些,好诗也多些,本书五律多,便是这个缘故。律诗也有不对偶或对偶不全的,如李白《夜泊牛渚怀古》(五律),又如崔颢《黄鹤楼》(七律)的次联,这些只算例外。又有不调平仄的,如《黄鹤楼》和王维《终南别业》(五律),也是例外。——也有故意这样作的,后来称为拗体,但究竟是变调。本书不选排律。七言排律本来少,五言的却多,也推杜甫为大家。排律将律诗的节奏重复多次,便觉单调,教人不乐意读下去。但本书不选,恐怕是为了典故多。晚唐律诗着重一句一联,忽略全篇的组织,因此后人评论律诗,多爱摘句,好像律诗篇幅完整的很少似的。其实不然,这只是偏好罢了。

绝句不是截取律诗的四句而成。五绝的源头在六朝乐府里。六朝五言四句的乐府很多,《子夜歌》最著名。这些大都是艳情之作,诗中用谐声辞格很多。谐声辞格如"蟢子"谐"喜"声,"藁砧"就是"铁"(铡刀)谐"夫"声。本书选了权德舆《玉台体》一首,就是这种诗。也许因为诗体太短,用这种辞格来增加它的内容,这也是多义的一式。但唐代五绝已经不用谐声辞格,因为不大方,范围也窄。唐代五绝有调平仄的,有不调平仄而押仄声韵的;后者声调上也可以说是古体诗,但题材和作风不同。所以容许这种声调不谐的五绝,大约也是因为诗体太短,变化少;多一些自由,可以让作者多一些回旋的地步。但就是这样,作的还是不多。七言四句的诗,唐以前没有,似乎是唐人的创作。这大概是为了当时流行的西域乐调而作;先有调,后有诗。五七绝都能歌唱,七绝歌唱的更多——该是因为声调曼长,好听些。作七绝的比作五绝的多得多,本书选得也多。唐人绝句有两种作风：一是铺排，一是含蓄。前者如柳宗元《江雪》：

千山鸟飞绝，万径人踪灭；

孤舟蓑笠翁，独钓寒江雪。

又，韦应物《滁州西涧》：

独怜幽草涧边生，上有黄鹂深树鸣；

春潮带雨晚来急，野渡无人舟自横。

柳诗铺排了三个印象，见出"江雪"的幽静，韦诗铺排了四个印象，见出西涧的幽静；但柳诗有"千山""万径""绝""灭"等词，显得那幽静更大些。所谓铺排，是平排（或略参差，如所举例）几个同性质的印象，让它们集合起来，暗示一个境界。这是让印象自己说明，也是经济的组织，但得选择那些精的印象。后者是说要从浅中见深，小中见大；这两者有时是一回事。含蓄的绝句，似乎是正宗，如杜牧《秋夕》：

银烛秋光冷画屏，轻罗小扇扑流萤。

天街夜色凉如水，卧看牵牛织女星。

是说宫人秋夕的幽怨，可作浅中见深的一例。又刘禹锡《乌衣巷》：

朱雀桥边野草花，乌衣巷口夕阳斜。

旧时王谢堂前燕，飞入寻常百姓家。

乌衣巷是晋代王导、谢安住过的地方，唐代早为民居。诗中只用野花，夕阳，燕子，对照今昔，便见出盛衰不常的一番道理。这是小中见大，也是浅中见深。又，王之涣《登鹳雀楼》：

白日依山尽，黄河入海流。

欲穷千里目，更上一层楼。

鹳雀楼在平阳府蒲州城上。白日依山，黄河入海，一层楼的境界已穷，若要看得更远，更清楚，得上高处去。三四句上一层楼，穷千里目,是小中见大;但另一方面,这两句可能是个比喻,喻体是人生,意旨是若求远大得向高处去。这又是浅中见深了。但这一首比较前二首明快些。

论七绝的称含蓄为"风调"。风飘摇而有远情,调悠扬而有远韵,总之是余味深长。这也配合着七绝的曼长的声调而言,五绝字少节促,便无所谓风调。风调也有变化,最显著的是强弱的差别,就是口气否定、肯定的差别。明清两代论诗家推举唐人七绝压卷之作共十一首,见于本书的八首,就是:王维《渭城曲》(乐府),王昌龄《长信怨》和《出塞》(皆乐府),王翰《凉州曲》,李白《下江陵》,王之涣《出塞》(乐府,一作《凉州词》),李益《夜上受降城闻笛》,杜牧《泊秦淮》。这中间四首是乐府,乐府的措辞总要比较明快些。其余四首虽非乐府,也是明快一类。只看八首诗的末二语便可知道。现在依次抄出:

> 劝君更尽一杯酒,西出阳关无故人。
> 玉颜不及寒鸦色,犹带昭阳日影来。
> 但使龙城飞将在,不教胡马度阴山。
> 醉卧沙场君莫笑,古来征战几人回?
> 两岸猿声啼不住,轻舟已过万重山。
> 羌笛何须怨杨柳?春风不度玉门关。
> 不知何处吹芦管,一夜征人尽望乡。
> 商女不知亡国恨,隔江犹唱后庭花。

这些都用否定语作骨子,所以都比较明快些。这些诗也有所含蓄,可是强调。七绝原来专为歌唱而作,含蓄中略求明快,听者才容易懂,适应需要,本当如此。弱调的发展该是晚点儿。——不见于本书的三首,一首也是强调,二首是弱调。十一首中共有九首强调,可算是大多数。

当时为人传唱的绝句见于本书的,五言有王维的《相思》,七言有他的《渭城曲》，王昌龄的《芙蓉楼送辛渐》和《长信怨》，王之涣的《出塞》。《相思》道：

红豆生南国，春来发几枝？

愿君多采撷！此物最相思。

《芙蓉楼送辛渐》道：

寒雨连江夜入吴，平明送客楚山孤。

洛阳亲友如相问，一片冰心在玉壶。

除《长信怨》外，四首都是对称的口气。——王之涣的"羌笛"句是说"你何须吹羌笛的《折柳词》来怨久别？"——那不见于本书的高适的"开箧泪霑臆，见君前日书"一首也是的（这一首本是一首五古的开端四语，歌者截取，作为绝句）。歌词用对称的口气，唱时好像在对听者说话，显得亲切。绝句用对称口气的特别多；有时用问句，作用也一般。这些原都是乐府的老调儿，绝句只是推广应用罢了。——风调转而为才调，奇情壮采依托在艳辞和故事上，是李商隐的七绝。这些诗虽增加了些新类型，却非七绝的本色。他又有《夜雨寄北》一绝：

君问归期未有期，巴山夜雨涨秋池。

何当共剪西窗烛，却话巴山夜雨时！

这也是对称的口气。设想归后向那人谈此时此地的情形，见出此时此地思归和相念的心境，回环含蓄，却又亲切明快。这种重复的组织极精练可喜。但绝句以自然为主。像本诗的组织，精练不失自然，是可遇而不可求的。

朱宝莹先生有《诗式》（中华书局版），专释唐人近体诗的作法、作意，颇切实；邵祖平先生有《唐诗通论》（《学衡》十二期），颇详明，都可参看。

语言自传

赵元任

赵元任（1892～1982），字宣仲，江苏武进人，生于天津。中国现代语言和现代音乐学先驱。赵元任出身世家，有深厚的国学根底，后来在美国攻读数学和哲学，兼学物理、语言和音乐，在法国专攻语音学。赵元任是结构主义汉语语法的开创者和奠基人。他的《国语入门》和《中国话的文法》在理论、方法和体系方面奠定了从20世纪50年代后期到90年代国内居于主流地位的结构主义汉语语法的基础。

我所讲的语言自传有两方面：先讲我所用的语言，换言之，就是我说的各种中国话跟外国话；然后再讲到我研究语言学的经过，不过越讲到后来恐怕就渐渐地越不如第一方面那么有意思了。

我是生在天津的，可是还没到会说话就搬到别处去了。我们原籍是江苏阳湖，后来民国时候一城几县的都归并为一县了，我就变成了武进县的人了，平常当然还是用旧名称，就说我们是常州人。

我们一家子三代都跟着祖父（讳执治）在直隶省（现在的河北省）各处住。祖父有差事的时候就在磁州、祁州、冀州各处做官。等差事的时候就住在那时的省城保定，所以我们住保定的时候倒是不少。我们家里上两辈都说常州话。可是我们孙子辈都说一种南边口音很重的北京话。可是大家用的阴、阳、上、去四声都很准，只是较冷较文一点的入声字就还是念（吴语派）的入声。凡是听见天津的低附平或是保定的下转的去声，我们都觉得侉得不得了。

我小时候说的话有下列的几点跟那时候的京话不同的：

第一是我们小孩子们有些音根本不会念。凡是咸山摄的字，国音收ㄢ韵，我们把尾音的-n都丢掉了。例如"三、天、完、全"我们就念成［sæ, tʻiɛ, wæ, tψʻyɛ］。我们并不是不会发韵尾的鼻音，比方像"刚、更、公、孤"那些收［-ŋ］音的字读起来一点儿没有困难。那么常州音虽然把国音ㄣ韵字（古深、臻摄）都念成∠韵，仍不失掉鼻音。

我母亲（冯氏讳莱荪）的北京话说得比较纯正。也许是因为这个缘故，我在两个堂屋姊姊（诜、莲）跟一个哥哥（元成），姊妹（ㄕˋ·ㄇㄟ）四个当中最先学会了"安、烟、弯、冤"的发音。有一天我说：咱们不应该说"元［yɛ↗］，寒［ræ↗］，应该说［yɛn↗］，［ræn↗］。我说的时候，还特别把尾音-n说得很重。我哥哥听了气得不得了，他说，什么"运"，"恨"！干吗学老妈子说话的声音？因为他自己不会说出ㄩㄢˊ、ㄏㄢˊ的音，可是又要学我说的那种声音不好听，所以变成了"运"、"恨"了。

对于这种不肯学老妈子的话的态度，不但我们家里有这种偏见，后来过了许多年碰见傅孟真，他也是有类似的经验。我是在一九二四年在柏林第一次认得他的。那时候好几个中国同学虽然多数都不是从北京来的，但是说话差不多全是国音的阴、阳、上、去四声。就只有傅孟真是他的"闪董料秤"（山东聊城）的声调。谈起来才知道他并不是不会说，是不屑说北京话。因为他上北京大学念书，一家子全搬到北京去住了。那么佣人当然也都是当地的人了。他入了北大没多久就学了一口的北京话。可是家里听他改得满口京腔，就笑他说："你怎么说起老妈子的话来了？"他们这么一笑就把他的北京话给笑了回去，把他本来的"闪董料秤"的话又笑回来了。不记得我从前在保定住得那么久，并且常看我的周妈是保定人，可是我并没学上了保定话，是不是有人笑过我，现在想不起来了。

我们这一辈说京话说得不准确的第二个来源是因为我们上一辈说的话都是常州话的底子。上面说的我们把卷舌音ㄓ、ㄔ等念成舌尖音ㄗ、ㄘ等，一半是因为我们还小，一半是因为我们上辈除了我母亲以外都不会发卷舌音。还有一种南边的影响，就是对于ㄣ、ㄥ韵的字，虽然会发鼻音，但是分不出哪些字收ㄣ，哪些字收ㄥ。这是长江流域从成都到上海大概有千把公里宽的地方的一个很大的同音区。关于这一点连我母亲都分不大出来。到很迟很迟，一直到我"回"了常州，到南京念书，又回到北京，差不多十年过后才觉到有分辨的必要，然后再开始把所有那类的字一个个地重新学过一遍。例如"斤、亲、心、痕"收ㄣ，"经、青、兴、恒"收ㄥ。这是在我会说了两三种吴语以后才注意到的事情。有时候从谐声上可以看出来一点儿，例如"亲"收ㄣ，"新"也收ㄣ，"青"收ㄥ，"清、情、静"也收ㄥ。不过也有些例外的，比方"经"收ㄥ，"劲旅"的"劲"虽然收ㄥ，可是"用劲"的"劲"收ㄣ。反正从不分到分是必得一个字一个字地学。从分到合就只须记得一条规则就可以一律通用了。例如广东话分双唇跟舌尖鼻音的韵尾。学北方话只要记得凡是-m都改成-n一条规则就够了。我大概到十几二十几岁才把ㄣ、ㄥ的字分得出来，可是到今天说话说急了的时候有时还会把"因、英"或是"恩、鞥"说混了。

还有一点我的口音跟京音不同的就是在前高元音ㄧ、ㄩ之前的舌尖音ㄋ都念成舌面音ㄬ，例如"你、女、年、娘"那些字都用像法文compagnie的gn音做声母。这 ni、gni 的差别虽然在法文分得很清，可是在中国方言当中很少分的。甚至在某美国大学当远东系主任的，因为他是河北南部来的，他一律把ㄋㄧ、ㄋㄩ读成ㄬㄧ、ㄬㄩ，一点儿不觉得有什么不同。在我所知，中国只有一处方音里有ㄋㄧ、ㄬㄧ并存的，就是杭州话的"你"用ㄋㄧ，"拟"用ㄬㄧ。这"你"字的读法可能是南宋时候从北方带来的影响。

上面提到我们说话的阴、阳、上、去四声都是京音的高、扬、起、降四种调值，可是关于什么字归什么类，特别是南边话入声字的读法，我们还是说得不大准。我们家里大人除眼面前的入声字，例如"一、七、八"念阴平，"十"念阳平，"六"念去声，此外碰到较冷一点的字就只会按常州音念成短促的入声。可是我们听得出来这不是北边话，所以跟了四周围的用人唡、街上的人唡，他们要用到那些字的时候我们也跟着学了。例如"鲫鱼"叫"几鱼"；"不必"说"不比"；"会客室"叫"会客史"。这里头的一些入声字北京念去声，可是我们在河北（那时候叫直隶）南部的保定、祁州那些地方住得最多，所以就跟着他们念上声了。要是说"蛐，蛐儿"那个虫名我会说，可是看见"蟋蟀"两个字就只会用入声念成ㄙㄌㄙㄜ了。

我小时候除了说不很纯粹的京音以外，总喜欢学说各处不同的方言。保定话从带我的周妈差不多学会了，例如 Hah·gedong·si·teou·lie tyan·shia（↓·|）·lie 就是"那个东西掉了地下了"的意思。不过那种话我连对周妈都不好意思说。我学的第一种别处的话不是我们本乡的常州话而是江苏常熟话。比方说"叫他去拿一条鱼给他"就说成 [ɜ kɔ g 'ɛb 'ɔk 'ɛnu ɕiɒ ŋɜ pə g 'ɛ] 这里头的"其、去、鱼"念成 [g 'ɛ, k 'ɛ, ŋɜ] 是从最早收-g 尾音变成-u，而 ou 韵在运河一带都念成 [ei]、[ɛ] 之类，所以听着这么怪。其实常熟话大部分没那么怪。懂苏州常州话的人听起常熟话来都不太难懂。我怎么还没会说自己家乡的常州话，倒先学起常熟话来呐？这是因为我的姑母嫁给了常熟杨家，到北边来归宁，跟着一些小孩儿跟用人只会说常熟话。我要跟两个表弟玩儿就非得学他们的话不行，所以我很快就学了说"我俚，能笃，其（[g 'ɛ]）笃，好来！海外好笃"就是说：" 我们，你们，他们，好哟，海外好呐"，"海外好"就是"好极了"的意思，横是什么字都喜欢加上一个"海外"。这是我生平

学全了的第二种话。

我学常熟话学得这么容易是有几个缘故：第一是小孩子跟小孩子学话比跟大人学得快。定宝（后来叫杨蓬士）比我大概只小一岁，我们一天到晚一块儿玩儿，所以容易学。第二是我一小儿对于各种口音向来留心，所以什么声音一学就会。第三是那时候我们已经起头儿念书了。我们念书是完全用常州音念的，所以只须稍微把声音憋一点儿就憋成常熟音了。这样子么，我五岁的时候说一种不顶纯正的北京话，说一种地道的江苏常熟话，可是念书就只会用江苏常州音念。现在回想那是一种相当怪的方式，可是当时觉着是很自然的事情。

说到念书，我差不多四岁就开蒙了。最早是我母亲教我认方块儿字，一面儿写一个大字，反面就画一个画儿，例如"人"字反面画个人，"树"字反面画一棵树。可是抽象一点儿的字，例如"有"字、"好"字，还有些虚字像"之、乎、者、也"之类反面就没有画儿。所以这些字我又不喜欢认，也不容易记得。

后来我祖父起头儿教我念书。我父亲（讳衡年）先没教我，大概是因为忙着去考的缘故，他考中过举人的。那时代平常总是先念《三字经》、《百家姓》、《千字文》。可是祖父一起头儿就教我跟我哥哥两个人念《大学》。我念念念不好就改了念朱子的《小学》，觉得好念多了，后来《小学》没念完又回头念《大学》了。我到七岁才开始正式上书房，天天早晨上学，晚上才回家。那时候我祖父做冀州的知州，书房在衙门的一个跨院儿里，所以多半在书房吃午饭。书房好像就只有我跟我哥哥跟一个亲戚家的小孩儿仨人儿，因为那时候我两个堂房姊姊她们女孩子们都得躲到家里念书，不能跟男孩子们一块儿念的。

我们的先生姓陆，字轲轩，是特为从常州请到北边来教我们的。他是我大姑婆的长子，照规矩应该称他大表伯，可是因为他是我们的先生，所以我们管他叫先生。我祖父费那么大事从南边请个先生来，第一是因为他自己公事太忙，没工夫教我们书了；第二是按"古者易子而教之"的道理，教的学的都认真一点儿；第三是因为要保存我们的乡音，非得从家乡请一位先生来才行。

我们这位先生严倒是很严，可是我们都喜欢他，因为他总给我们讲书，讲字的用法。要知道从前所谓"念书"就是念书，先生不一定讲，学生也不一定懂，真是"读书不求甚解"，可是过了一阵，甚至过了多少年，书里的意义渐渐地明白了。这种传统的老法子倒是跟近年来外国所谓耳舌法（audio-lingual approach）相近，先注重听、念，以后再慢慢地懂。可是我们的先生先讲再让我们念，这是破例的教法。

念书的次序，因为《大学》在家里已经念完了，按"四书"的次序该念《中庸》了，但是因为《中庸》实在是难，所以先念《论语》、《孟子》。我最喜欢《孟子》，其实后来通行的文言也是跟《孟子》最相近。"四书"念完么，就是"五经"了。可是我跟着陆先生只念了《诗经》的半部，后半部回到常州以后跟着一位张先生念的。《书经》跟《左传》是后来我父亲教我的。"五经"里头么，就剩了《易经》跟《礼记》没念。其实《大学》跟《中庸》原来就是《礼记》里的两章，所以"十三经"里没有《大学》、《中庸》就是这个道理。

每天下午四点来钟放学过后就随便玩儿，可是晚饭后多半儿还要念诗。诗是我母亲教的。母亲是当时很有点才的女人，能写诗、填词，昆曲也唱得好。我想我后来喜欢弄音乐多半儿是从母亲遗传下来的。吹笛子是我父亲教我的，所以成了妇唱夫随了。晚上念诗我们都觉着比白天念书轻松一点儿，我觉着也好玩儿一点儿。我念的是《唐诗三百首》。我哥哥跟姊姊们另外还念《千家诗》跟别的诗集。可是他们念的诗，我就是没念也渐渐地背得出来了。因为我们在家里念诗也像白天在书房里似的大家同时哇喇哇喇地你念你的我念我的。

有时候我停下来就听见他们念的东西。我顶记得他们念的吴伟业的《圆圆曲》，我连字都没看见已经背熟了。还有白居易的《长恨歌》，他们比我们先念，赶到我起头儿念到《长恨歌》的时候都已经听得半熟了。

我们念了那么些书始终还没有作文。照老规矩是很迟才起头儿作文呐。因为那时候作文就是作文章，不比后来在小学里可以说什么就写什么。那时候所谓"开笔"作文是一件大事。我在北边没到开笔就回常州了。从前开笔那么迟大概是不但写东西都得用文言，并且"四书"、"五经"当中除了《孟子》、《左传》以外不像后来通行的文章，所以总等到念《古文辞类纂》之类的时候才开笔，那就总到了十几岁的时候了。

可是我们还没学作文已经开始学作诗了，真是没会爬就先学跑了。我哥哥姊姊们倒是真能作诗，我光是跟着他们玩儿玩儿就是了。我们多半儿都作古诗，因为古诗只须押韵的字平仄对了就行了，律诗还得多半字有一定的平仄，那就难多了。好在我们念书都用常州音，对平仄倒是很容易分。我顶记得晚上练大字用的一首杜牧写的《赤壁》七绝，那么四七二十八，每行五个字，第六行还有两个空儿就题了那年"己亥"两个字，所以我们总是一头儿练字一头儿吟诗，四句念完了就念"己亥"，把上声的"己"字念得很高，阳去的"亥"字念得很低。算起来是西历一八九九，第二年一九〇〇就是庚子，全国出了大变乱，家里也出了变故，第二年我们就回常州去了。

这一两年当中，家里、国里，事情接接连连出的真多。先是陆先生过去了，不久我的伯父（讳仪年）在别处任上过去了，最后祖父过去了，我们全家就扶着灵柩回南边了。在我的语言经验方面是我第一次听见外国人长篇地谈话。这是在轮船上看他们打纸牌。我就只记得他们说"迷呀迷呀波罗波罗"。可是到今天还不知道那是一句什么话，是哪一国的话都不知道。到了上海旅馆里住了几天。我的舅舅

（冯聃生）从苏州来照应我们。他们跟我母亲说常州话，对我们小辈就说带常州音的北边话。到上海不久我就发现外头人多数虽然说上海话，可是工人们、拉洋车的，他们都说江北话，就是扬州一类的南官话，因此我对于那种话有一种阶级性的联想。还有一种类似的联想，就是我们对于北京话虽然不像傅孟真家里拿它当"老妈子话"，可是总觉得那只是日常的随便说话，常州音就好像高一等似的，因为我念古书作诗文都是用常州音的。

我们回到了常州青果巷祖上的老房子，一共有三进正院子、一进客厅、一进轿厅。自从曾祖（讳曾向）以下有三房住在里头，不过自从祖父过去以后，上两辈当中只有三叔公三叔婆还在。那时候我还没学会常州话，佣人都不懂北边话，所以管我叫"蛮则"，就是"蛮子"的意思。我就跟他们辩，我说只有"南蛮"，哪儿有说北边话的叫"蛮子"的呐？我们家里上两辈对我们有的会说一点北边话，多数只会说常州话，我只用北边话回答他们。可是跟我们平辈些孩子们对于北边话连懂都不懂，佣人们也不懂，所以就形成了一种人对人的语言方式：就是不久虽然我学会了说常州话，可是跟别房的长辈们虽然他们说常州话，我还是说我的北边话，只有对平辈跟佣人才用我新学的常州话，如果对长辈说常州话，好像不恭敬似的。这种人对人的语言方式，一弄惯了以后，是很难改变的。如果要改变的话，非得预先知道难处才改得过来。如果是愿意维持那方式的话，当然是很容易的事。前些年跟我们同住的易家乐（Soren Egerod）家，先生是丹麦人，太太美国人。他们的小孩子们一起头儿父亲就跟他说丹麦话，母亲跟他们说英文。后来他们回到丹麦还是维持这种人对人的语言方式。所以他们两个小孩子一小儿就是能说两种语言。

我在常州家里念书，先是一位张先生教我，后来我父亲自己教我。有一阵子还找了一位先生教我跟我哥哥的英文。他的发音是纯粹的常州音，例如January，他就教我们念"J-a-n 阵，u 右，a 欧，

r-y 立，阵牛而立"。那几年我母亲多病，父亲教得也不很严。我就不好好儿念书。到了一九〇四，我还不到足十二岁，忽然父亲母亲同一年里先后地过去了。他们别房的大人就商量了把我送到苏州庞家我大姨母家住了一年，跟着大表哥庞恩读了一年书。

  苏州话当然是典型的吴语，后来县名根本就叫吴县。这是我学会的第四个方言。庞家原来是震泽人，我姨母是常州话的底子。但是我跟外头人接触一多就学会了他们的话了。苏州话在名义上虽然代表吴语标准，但是实际上的地位一年不如一年。一个主要的原因是新式的学校多数在上海，所以近年来说吴语的人都拿上海话当通行的"南方话"。比方一个常州人跟一个江阴人要是他们在外头跑跑的见了面要是不说国语大概就说上海话，仿佛拿沪语当吴语的标准似的，而其实他们要是各人说自己的常州跟江阴话反而很相近的。还有一个原因一般人不学苏州话是觉得苏州话的声音太娇气，太嗲（ㄅㄧㄚˇ），特别是韵幺的字，国音［au］上海［ɔː］，苏州就念成［æː］，例"好得喇"。这个从［au］变成［æː］的现象并不是苏州一个地方这样，连美国东南部所谓"南方音"也有这样的音变，例如 how、now 念成［hæː，næː］之类。

  我在苏州住了一年又回到常州的家里。这时候我的伯母从远处回到常州来照应我们四个小的（其实大姊已经二十多了）。这是我第一次进新式的所谓"洋学堂"，名字叫溪山小学。先生多数是常州人，就是教英文的沈问梅先生是上海人。我伯母虽然是常州人，但是在福州住过多年，所以我跟她学了一点福州话。这次在常州住了一年，后来除了三年的年假暑假跟偶尔回来看看以外就没有机会说常州话。过了十几年从外国回来在沪宁铁路火车上遇见了溪山小学我的国文老师吕诚之先生，他问起我在美国的情形，我多年没说常州话，又得把外国事情用中国话来讲，觉得非常别扭。但是不得不这么，因为一层他不太懂国语，二层我本来跟他说常州话，要是跟他说国语，觉得不恭敬似的。这个跟上文讲的我对家里长辈说常州话不恭敬刚刚相反，可是都是一样的心理。

在溪山小学只念了一年就到南京进了江南高等学堂的预科，一进就进了三年（除了年假暑假回常州家里之外）。学校虽然在南京，但是学生多数都是从江苏、浙江、安徽各处来的。全校二百七十三个学生只有三个是南京人。一般外路人总笑南京的口音。一层是阴平字念得很低，不过这个跟天津话一样。但是南京音把ㄚ音念成ㄛ，例如"他回家"念成ㄊㄛˉㄏㄨㄟˊㄐㄧㄛˊ，这是外路人笑南京话的主要的原因。我因为对于方言有特别兴趣，所以不久把南京话居然也学会了。同学南京人虽然少，但是外头当然容易有机会听。用入声，分尖团，ㄚ变ㄛ，当然容易学。有时候根本就是情感上的困难，就是觉着怕人笑。在这三年当中我有一个同住的同学邵绳武是福州人，我跟他交换方言，他教我福州话，我教他常州话，这次我学的福州话比跟我伯母学的全一点。在南京最后一年来了一位名师，因为他教的是本科，我还在预科，那时又没有旁听生的制度，所以我就常常在课堂廊檐里当胡敦复先生的"偷听生"。

在南京的第二年是一个美国先生教我们的英文，名字叫 David John Carver，中文名字叫嘉化。这是我第一个外国先生（他前两年才过去的）。嘉化先生是 Nashville, Tennessee 人，他说话完全一口的所谓南方口音。例如 haff passt, dzero, li'amp。所以我想这是真正的英文发音了，一直到后来到了美国才知道那是很特别的方音。三年预科没有完全念完，趁游美学务处第二批招考的机会，我就到北京住了一春天，预备投考清华的官费。中、英文当然最要紧。中文题目是《不以规矩，不能成方圆》。考的前头不几个礼拜我还自修了一阵子拉丁文，当选科之一。用的什么书忘记了。过了些年要温习拉丁文用 Walter Ripman 的 Rapid Latin Course。拉丁虽然是个没有人说的语文，但是这个教科书完全拿它当一个活的语言来说，有问答，有作文，我非常喜欢这种方法。后来我在夏威夷大学教初级中文用文言起头，也就让学生开始就在班上说文言，写同答跟作短文，结果有的学生都成了汉学家了。

我这话岔得太远了。再回头说一九一〇年出洋的事情。我们一班考取的有七十二个人，都一同坐了支那号船到美国。护送这一班学生的是唐孟伦、胡敦复、严智崇三位先生。我本来想学电气工程，到了船上胡先生对我解释理论科学跟应用科学的关系，结果我想我还是学理论科学罢。可是到了第三年选专科的时候，专修的是数学。

我到了美国在语言上第一个印象就是一般人说话跟嘉化先生的口音很不同。我进了康奈尔大学不久就跟着一般人的声音改过来了。在大学头两年当然得选一门外语，是必修科之一。我选了德文，又自动选了二年级的德文。那时候美国外语教学的习惯是用英文讲课文，第二天学生看着外国文口译成英文。最可笑的是我的二年级的德文先生 Boesche 教授，他虽然是德国来的，可是还是接着一般的习惯用英文上课。一学期念了两本书，Gottfried Keller 的 *Kleider Machen leute* 跟谁写的 *Lebrecht Hiihn-chen*，可是全学期课堂里几乎听不见一句整句的德国话。我呐，我还照着我的读书不求甚解的老法子念出声儿来自修。后来到大考时候——大考当然也是德译英——居然还得了个"A"。我的法文是从 Scranton，Pennsylvania 的一个国际函授学校学的。我很喜欢他们的教法。他们给你一套蜡筒子的录音跟录音机，跟着课文用的。每一课上完了有作文，有录音问答，你说了寄去，他们不但改你的答文，还能改读音。近来大概因为太费人工，所以没有这个函授学校了。在康奈尔这几年从语言学方面最要紧的一科就是语音学。这是我第一次学国际音标的时候。在那时代语音学还是冷门，一般的语言学更没有成为专门的学问。这几年当中我跟胡明复同住，我们没有交换方言，我就学了他的无锡话。这个我觉得并不太容易，因为跟常州话太近，反而更得注重微细的分别。

转到了哈佛的研究院，我在名义上专修的是哲学，但是上了很多的语言的科目。虽然没有语言系，但是已经有语言学入门的一科了。我也选了梵文。博士读完了又回到康奈尔教了一年的物理。那时候他们正在试验无线电，我对于声学方面特别感兴趣，所以后来物理大部分荒疏了，就是对于声学还熟悉一点。

不久我的生活渐渐越来越有意思了。先是清华学校（那时还没成大学）召我回去教物理。没教完一个学期，罗素到北大、师大演讲，他们就找我去当翻译（因为我的论文题目是数理逻辑跟方法论）。我说"越来越有意思了"，因为那一年（一九二〇）就是我初次认得我太太杨步伟的一年，第二年我们就结婚了。我太太虽然是医生，但是能说好几种方言。我们结婚过后就定了个日程表，今天说国语，明天说湖北话，后天说上海话等等。最妙的是她虽然进了好几年的上海中西女塾，可是跟同学一直用她的带南京安徽音的南方官话，到这时候才是她第一次给上海话说出声音来。可见学一种语言简直可以纯用听觉，听了潜伏在脑子里，后来一说就说出来了。这固然未必是学语言的最好的方法，不过现在我发现这个至少是一种可能的方法。

在上海、北京各处讲演我当然都用国语。有一次陪着罗素坐长江轮船到长沙去演讲，同船有邀请罗素的主人是长沙人。我在路上就跟他学了点湖南话。到了长沙，有一次（民国九年十月二十六日）讲完了过后一个学生跑上来问："赵先生贵处是湖南哪一县？"他大概以为我是湖南人说国语说得不全，不知道我是国语的底子说湖南话说得不全。

差不多这时候我就决定把大部分时间放在语言的研究上了。结了婚不久我们就一同到美国又待了三年。这一次是在哈佛教书，先教哲学，后来教中文，同时上了些语言学的课。接着又转到欧洲跟着伦敦的语音学领袖 Daniel Jones，还有 Lloyd James 虽然资格较浅，可是我跟他学实际的练习得益最多。到了巴黎在语言方面听了 J. Vendryès 跟 Antoine Meillet 的课，在汉学方面听 Paul Pelliot（伯希和）跟 Henri Maspero（马伯乐）的课。上文不是曾经提过，讲起小时候到各处学说各种话的经验较有意思，到后来正式研究语言学就渐渐不如以前那么好玩儿了。可是跑到欧洲碰到有音位性声调的语言倒是个经验。有一次我在瑞典一个火车站买票到 Malm，我就用平常英德等无声调语言的语调用半降调说那个地名。说了半天那个卖票的人不懂，后来他恍然大悟，说"哦，你是要到 Mal（51：）mö（35：）"，仿佛像国语的去声加阳平似的。可见理论上知道瑞典语有声调是一回事，等到听见他们用才是真知道呐。

民国十四年清华成了大学，同时又开了（国学）研究院，我又被召回到清华了。我教的主要的科目是中国音韵学，附带地在大学部教音乐欣赏科。从这时候起我就做了十几年的中国方言调查。第一次调查就是冬天到江苏、浙江各处做吴语的调查，这一系叫"吴语"不叫"吴越语"，是因为从温州一直到靖江在音韵上都是一个系统系。

那几年我在国语统一的运动上同时也相当地活动。先是参加了国语统一筹备委员会，里头一部分的工作是大辞典编纂处，后来出的本册的国语辞典，就是从这里出版的。委员会里工作最多的最常见面的是汪一庵、钱玄同、黎锦熙、白涤洲、刘半农、林语堂等。我们谈谈谈到《切韵序》里有"吾辈数人定则定矣"一句，大家就说咱们干吗不组织一个会叫"数人会"来定各种提案，再送呈大会跟教育部决定。后来这里头工作最要紧的部分一样是国音的标准，从民国八年的"因论南北是非古今通塞"的人工式的国音，一改改成民国二十一年的完全用北平音的标准；第二样是拟了一套国语罗马字拼音法式，在民国十七年由大学院公布作为国音字母的第二式。

可是我主要的工作还是在音韵学跟方言上。在吴语调查写完了以后不久就到两广去调查粤语。那时中央研究院刚成立，蔡孑民先生当院长，我的康乃尔同学杨杏佛当总干事，傅孟真当历史语言研究所所长，我就担任第二组（语言组）主任，到各处去调查方言。这些用表格用录音器作系统化的调查工作是一回事，到各处学说各种话当然又是一回事。我对于两方面都有兴趣，并且学着说一点当地的话，可以使发音人放心说他们本地的话，免得有时误认为我是政府派来宣传统一国语，反而想法子对我说国语。我调查粤语的时候虽然知道潮汕区是闽南语系统，我顺便也跑了一趟。可是我到火车站想说潮州话买一张二等票到汕头，他给了我两张三等票，我只好用广州话跟他解释了。

这几年调查方言当中打了一个短岔，就是民国二十一到二十二年到华盛顿当了一年清华留美学生监督。到各处视查学生的时候顺便就拜望些语言学界的人。在勃郎（Brown）大学见着了美国方言调查主任 Hans Kurath 跟 Bernard Bloch，到耶鲁大学特为去拜望 Edward Sapir。他问了我常州话的几个要点，大约一个钟头，把常州的音位系统都差不多弄清楚了，简直要开始跟我说常州话了。

回国销假，历史语言研究所在南京北极阁造了新房子，二楼的一半都设了语音实验室。我的屋子斜对面就是李方桂。我们三个人（连罗常培）合译高本汉的《中国音韵学研究》也差不多这个时候。

这几年当中又继续作方言调查。最过瘾的是调查皖南各处的方言。我太太是安徽石埭县人，但生长在南京，所以不大会说皖南话。我们一同去，先在歙县作总站，特别到西乡学会了说西乡话，因为西乡话是所谓徽州话的典型代表。又找了绩溪发音人记录了绩溪话，不过关于绩溪话的报告大部分是好多年后根据胡适之的录音跟杨时逢合写的。

后来就到江西、湖南、湖北先后不同的时候调查方言。湖北一省调查得最详细，一共记录了六十四处的方音跟故事。正在打算到福建去调查，跟当地人都接好了头了，卢沟桥战事发生了，我们连家跟研究院都搬到长沙，不久又到了昆明，第二年就又出国到美国。先到夏威夷大学教了一年，上文讲的教外国人文言作文、文言会话就是这个时候。接着到耶鲁教了两年。这就是认得语言学家 Leonard Bloomfield 跟 E. H. Sturtevanl 的时候，Sapir 跟 Bloch 也先后到了耶鲁。那时美国虽然任何学校都还没设立语言学系，但是耶鲁的语言学最盛。有一个非正式的语言学俱乐部，每月开会一次聚餐读论文，附近学校的人也常参加这个会。后来我到了哈佛也常到纽黑文的耶鲁语言俱乐部呐。

我到哈佛是去参加那里中文大辞典编纂处的工作，兼教中文。可是不久珍珠港战争爆发，哈佛就开了两班远东语言的速成科。我起头儿教粤语速成科。一夏天才上了两个月的课，带着学生到波士顿醉香楼吃饭，他们跟跑堂儿的就聊起来了。有一个伙计问我的学生说："先生，你几时（喺）唐山翻嚟慨？"他们要开粤语班是因为想到政府也许预备由中国南岸进兵。到了一九四三年政府才大规模地设立陆军专科训练班（Army Specialized Training Program：ASTP），我就担任了中国语言方面的主任。在名义上是每个学生（兵）用十分之六的功夫在语言上，十分之四在别的科目上，不过事实上他们把大部分时间还是用在语言上。前后搭头一共二百多人，每班教十个月，最后两个月还附加一点粤语。因为注重的是说话，所以全用罗马字的教材，只教了少数最常用的汉字。可是有几个学生特别加工认字，他们编了一个《大私报》，因为平常的兵是 Private，所以大公报变了大私报了。这个大概是空前绝后的完全由西洋人编的中文报。

近二十多年在哈佛，在加州大学，在暑期语言讲习所（多半在密希根），各处教书跟自己作研究，当然都是很有意思的工作。当中在一九四五年当了一任美国语言学会的会长，做了一个中国人自然是一件可以特别得意的事情。但是在狭义的语言本身的发展，我这自传就很少进展了。也没有学会什么新的外国语文，也没说会什么新的中国方言。当中有两个经验可以值得报告报告。一回是到墨西哥开联教组织会议。我早晨用我的二五眼的西班牙话叫早餐。过了一会儿,饭厅里用英文打电话来问,先生叫的是什么东西?又有一次在欧洲开汽车旅行,在瑞士 Brig 城过夜。这是在瑞士的德语区。我因为第二天要开到 Matterhorn 高山上去,最好送车到车行上上滑油、检查一下机器等等,所以晚上就拿了一本辞典查了些机件的德文名称。第二天早晨到了车行谁知道他们一看见我们是外国人,不说他们自己的德国话反而对我说起法国话来了。我说,那不成,我昨儿晚上用的是德文的功,今儿非得用德文才会讲汽车的事情呐。

那回开车旅行还遇见一个有意思的经验。我们连三女来思一家三个人从英国过海再从法国东北经过比利时、荷兰的长堤,沿着德国的北区一直到丹麦过海到瑞典。路上法国跟比利时人跟我们说法国话;荷兰人因为知道很少人会说荷兰话,跟外国人多半说英文;到了德国他们就跟我们说德国话;在丹麦瑞典他们又尽量跟外国人说英文。这是他们各国人对我们这些外路人说话的惯例。其实啊,我留心旁听他们自己当中说话呀,完全另是一回事。在法国的东北就开始说一种日尔曼语系的 Flemish 语;在比利时境内当然是法文跟 Flemish 并存,但是他们自己,特别是北部,都说 Flemish;在德国境内,他们对外国人虽然说通行的高原德文(Hochdeutsch),但是自己说的是洼地德文(Plattdeutsch),所以我们开车从法、荷、比、德近海一带听他们说话所得的印象,并不是过一个国境换一种语言,我们的感觉非常像坐着长江轮船从上海到四川一路的口音渐渐地变,并不是一国一国地变的。

最后再举两个语言的经验来作本文的结束。在一九五九年以富尔布赖讲座在京都大学讲了五个月的学,讲的是中国语言的结构。我的日文是不够演讲用的,我就全用中国话讲,承京都大学的小川环树教授给我翻译。可是在最后一次演讲我得谢谢给我翻译的人,总不能请他翻译谢他自己的话吧。所以我只是预备了一篇日语演说，特别向小川环树先生致谢。这是我生平说的最长的一段日本话。

差不多那时候我在台大演讲了一阵，同时也回到"中央研究院"做点研究，特别注重闽南的方言。上回我在潮州说闽南话不是闹了个笑话吗？这一次我要是学会了这种方言，我就可以自夸凡是中国主要的方言系中每一系都会说一种了。所以临动身到日本特别预备了一番用台湾话同记者谈话。可是各报的记者来了，不巧我们一行当中大女儿如兰赴日的护照签证的手续没有弄清楚，又忙乱大半个钟头，赶手续办好了就到上飞机的时候了，所以我这全国方言的大考始终没机会考及格过。

但是回头想想一个语言学者，为什么一定要会说各国的话跟各处的方言呢？Edward Sapir 固然会学我的常州话学得很像，可是我的老师 Meillet 他虽然著了讲全世界语言的书，可是他引起各种语言的举例来不管是希腊、拉丁还是远东、近东，一出他的口都是纯粹的法国口音。Vendryès 是法国东部口音，向来外国人学法文总是注重前 [a] 跟后 [a] 的区别，例如 [pat] 是爪子，[pat] 是浆糊，可是他老人家一律念成不前不后的 [A]。又如马伯乐（Henri Maspero）先生是巴黎人，按标准法国国音有四种不同的半鼻音元音，例如 un bon vin blanc [æ̃　bɔ̃　vɛ̃　blã]。可是他跟着一种所谓巴黎土音，他的半鼻元音只有两种：[ɛ̃　bɔ̃　vɛ̃　blɔ̃]。可是他们讲学理讲得还是一样清清楚楚有条有理的。你要是要听各种语言的声音，有的是本地的发音人跟留声机片或磁带。所以在一个语言学者的地位，并不在乎有本事当一个 Thomas Cook 旅行社的通译员才以为荣的。我说了这么半天也许是想遮掩一下我说不好闽南话的短处吧。

文学略说

章太炎

章太炎（1869～1936），初名学乘，字枚叔，又名章炳麟，后改名绛，号太炎。浙江余杭人。近代著名国学大师、民主革命家、思想家。章太炎毕生致力于资产阶级民主革命，虽历经磨难，仍矢志不渝；他学识渊博，对中国哲学、史学、文字语言学、文学等均有涉猎和贡献。章太炎一生著述丰富，主要编入《章太炎全集》、《章氏丛书》及续编等。

文学分三项论之：一论著作之文与独行之文有别；二论骈体、散体各有所施，不可是丹非素；三论周秦以来文章之盛衰。

一、著作之文与独行之文。著作之文云者，一书首尾各篇互有关系者也；独行之文云者，一书每篇各自独立，不生关系者也。准是论文，则《周易》、《春秋》、《周官》、《仪礼》、诸子，著作之文也（《仪礼》虽分十七篇而互有关系）；《诗》、《书》，独行之文也。孔子删诗，如后世之总集，惟商初、周初诸篇偶有关系，然各篇不相接者多，与《春秋》编年者异撰，或同时并列三篇，或旷数百年而仅存一篇。自尧至秦，一千七百年中，商书残缺；夏书则于后羿、寒浞之事，一无记载。盖书本各人各作，不相系联。孔子删而集之，亦犹夫诗矣。后人文集，多独行之文；惟正史为著作之文耳。以故著作之文，以史类为主；而周末诸子，说理者为后起，老、墨、庄、申、韩、孟、荀是也；惟《吕览》是独行之文编集而为著作者也。著作之盛，周末为最。顾独在诸子，史部不能与抗。至汉，《太史公》继《春秋》而作，史部始盛。此后子书，西汉有陆贾《新语》（真伪不可知）、贾谊《新书》、董仲舒《春秋繁露》（后人归入经部）、桓宽《盐铁论》（集当时郡国贤良商论盐铁榷沽事）、杨雄《法言》；东汉有王充《论衡》、王符《潜夫论》、仲长统《昌言》（全书不可见）、荀悦《申鉴》、徐干《中论》。持较周秦诸子，说理固不逮，文笔亦渐逊矣。然魏文帝论文，不数宴游之作，而独称徐干为不朽者，盖犹视著作之文尊于独行者也。

著作之文，本有史部、子部二类。王充谓："司马子长累积篇第，文以万数；然而因成纪前，无胸中之造。扬子云作《太玄经》，造于助思，极窈冥之深，非庶几之才，不能成也。"（《论衡·超奇》篇）此为抑扬太过。《史记》虽袭前文，其为去取，亦甚难矣。充又数称桓君山，谓说论之徒，君山为甲。今桓谭书不可见，惟《群书治要》略载数篇，亦无甚高深处。而充称为素丞相者，盖王、桓气味相投，能破坏不能建立，此即邱光庭《兼明书》之端也（东汉人皆信阴阳五行，王充独破之，故蔡中郎得其书，秘之账中。中郎长于碑版，能为独行之文而不能著作者）。至于三国，《典论》全书不可见。刘劭《人物志》论官人之法，行文精练，汉人所不能为，《隋志》入之名家，以其书品评人物，综核名实，于名家为近也。其论英雄，谓"张良英而不雄，韩信雄而不英。体分不同，以多为目，故英雄异名，皆偏至之材，人臣之任也。故英可为相，雄可为将。若一人之身兼有英雄，则能长世，高祖、项羽是也。然英之分以多于雄，而英不可以少也。英分少则智者去之，故项羽气力盖世，明能合变，而不能听采奇异；有一范增不用，是以陈平之徒，皆亡归高祖。英分多故群雄服之，英才归之，两得其用，故能吞秦破楚，宅有天下。然则英雄多少，能自胜之数也。徒英而不雄，则雄才不服也；徒雄而不英，而智者不归也。故雄能得雄，不能得英；英能得英，不能得雄。故一人之身兼有英雄，乃能役英与雄。能役英与雄，故能成大业也。"语似突梯，而颇合当时情理。晋世重清谈，宜多著作之文；然而无有者，盖清谈务简，异于论哲学也。乐广擅清言，而不著书。《世说新语》云："客问乐令旨不至者，乐亦不复剖析文句，直以麈尾柄确几曰：'至不？'客曰：'至'。乐因又举麈尾曰：'若至者，那得去？'于是客乃悟服。广辞约而旨达，皆此类。"故无长篇大论。其时子书有《抱朴子》等（《抱扑子》外篇论儒术，内篇论炼丹），颜之推讥之，以为"魏晋以来，所著诸子，理重事复，递相模学，犹屋下架屋、床上施床耳"。《颜氏家训》言处世之方，不及高深之理。精于小学，故有《音辞篇》；信奉释氏，故有《归心篇》。其书与今敦煌石室所出《太公家教》类似。之推文学之士，多学问语。太公不知何人，或为隋唐间老农。学问有深浅，故文笔异雅俗耳。李习之谓《太公家教》与《文中子》为一类，不知《文中子》夸饰礼乐，而《家教》则否，余放谓是《家训》之类也。唐人子部绝少。后理学家用禅宗语录体著书，亦入子部，其文字鄙俚，故顾亭林讥之曰："夫子之文章，不可得而闻矣。"

史部之书，范晔《后汉书》、陈寿《三国志》，皆一手所作。《宋书》、《齐书》、《梁书》、《陈书》亦然。《隋书》，魏征等撰。本纪、列传，出颜师古、孔颖达手（自来经学家作史，惟孔颖达一人）；《天文》、《律历》、《五行》三志，出李淳风手。《新唐书》，宋祁撰列传，欧阳修撰志，虽出两人，文笔不甚相远。《晋书》出多人之手。《旧唐书》，号称刘昫撰，昫实总裁而已。《旧五代史》，薛居正撰，恐亦非一人之作。欧阳修《新五代史》，固出一手，然见闻不广，遗漏太多。辽、金、元三史，皆杂凑而成，惟《东都事略》乃王偁一人之作。《明史》本万斯同所作，但有列传，无本纪、表、志。余弟子朱逖先在北京购得稿本，体裁工整，而纸色如新，未敢决然置信。然文笔简练，殆非季野不能为。王鸿绪《横云山人明史稿》，纪、表、志、传具备，而删去万历以后列传。乾隆时重修《明史》，则又出多人之手矣。编年史如《汉纪》、《后汉纪》、《十六国春秋》，皆一手所作（《十六国春秋》，真伪不可知）。《通鉴》一书，周、秦、两汉为刘奉世所纂，六朝为刘恕所纂，隋唐为范祖禹所纂，虽出众手，而温公自加刊正。"臣光曰"云云，皆温公自撰，亦可称一手所成者也。大抵事出一手者为著作之文（史部、子部应分言之），反之则非著作之文。宋人称《新五代史》可方驾《史记》，《史记》安可几及？以后世史部独修者少，故特重视之耳。

《左》、《国》、《史》、《汉》中之奏议书札，皆独行之文也。西汉以前，文集未著。《楚辞》一类，为辞章之总集。汉人独行之义，皆有为而作，或为奏议，或为书札，鲜有以论为名者。其析理论事，仅延笃《仁孝先后论》一篇耳，其文能分析而未臻玄妙，徒以《解嘲》、《非有先生论》之属皆是设论，非论之正，故不得不以延笃之论为论之首也。魏晋六朝，崇尚清谈。裴𬱖《崇有》，范缜《神灭》，斯为杰构。清谈者宗师老子，以无为贵，故裴𬱖作论以破其说。《宏明集》所收，多扬玄虚之旨，范镇远承公益（太史公云：学者多言无鬼神），近宗阮瞻，昌论无鬼，谓形之于神，犹刀之于利，未闻刀去而利存，安有人亡而神在？是仍以清谈破佛法也。此种析理精微之作，唐以后不可见。近世曾涤笙言古文之法，无施不可，独短于说理（方望溪有"文以载道"之言，曾氏作此说，是所见过望溪已）。夫著作之文，原可以说理。古人之书，《庄子》奇诡，《孟》、《荀》平易，皆能说理。韩非《解老》、《喻老》，说理亦未尝不明。降格以求，犹有《崇有》、《神灭》之作，何尝短于说理哉？后人为文，不由此道，故不能说理耳。然而宗派不同、门户各别，彼所谓古文，非吾所谓古文也。彼所谓古文者，上攀秦汉，下法唐宋，中间不取魏晋六朝。秦汉高文，本非说理之作，相如、子云，一代宗工，皆不能说理。韩、柳为文，虽云根柢经、子，实则但摹相如、子云耳。持韩较柳，柳犹可以说理，韩尤非其伦矣（柳遭废黜，不能著成一书，年为之限，深可惜也）。盖理有事理、名理之别。事理之文，唐宋人尚能命笔；名理之文，惟晚周与六朝人能为之。古文家既不敢上规周秦，又不愿下取六朝，宜其不能说理矣。要之，文各有体。法律条文，自古至今，其体不变。汉律、唐律，如出一辙。算术说解，自《九章》而下，亦别自成派。良以非此文体，无以说明其理教也，律算如此，事理、名理亦然。上之周秦诸子，下之魏晋六朝，舍此文体不用，而求析理之精、论事之辨，固已难矣。然则古人之文，各类齐备，后世所学，仅取一端。是故，非古文之法独短于说理，乃唐宋八家下逮归、方之作，独短于说理耳。

史部之文，班马最卓。后世学步，无人能及。传之于碑，文体攸殊。传纯叙事，碑兼文质。而宋人造碑，宛然列传。昌黎以二千余字作《董晋行状》，其他碑志，不及千字，宋人所作神道墓志，渐有长者。子由作《东坡墓志》，字近七千，而散漫冗碎，不能收束。晦庵作《韩魏公志》，文成四万，亦不能收束。持较《史》、《汉》千余字之《李斯列传》，七八千字之《项羽本纪》，皆收束得住，不可同年而语矣。后人无作长篇之力量，则不能不学韩、柳之短篇，以求收束得住，所谓起伏照应之法。凡为作长篇，不易收束而设也（此法宋人罕言，明人乃常言尔）。是故即论单篇独行之作，亦古今人不相及矣。

后世史须官修，不许私撰。学成班马，持等屠龙。惟子书无妨私作，然自宋至今，载笔之士，率留意独行之文，不尚著作。理学之士，创为语录，有意子部，而文采不足。余皆单篇孤行，未有巨制，岂不以屠龙之技为不足学耶？今吴江有宝带桥，绵亘半里，列洞七十，传为胡元所造；福建泉州有万安桥，长及二里，传为蔡襄所造。此皆绝技，后人更无传者。何者？师不以传之弟子，弟子亦不愿受之于师，以学而无所可用也。著作之文，每下愈况，亦犹此矣。

二、骈文散文各有体要。骈文、散文，各有短长。言直单者，不能使之偶；语合偶者，不能使之单。《周礼》、《仪礼》，同出周公，而《周礼》为偶，《仪礼》则单。盖设官分职，种别类殊，不偶则头绪不清；入门上阶，一人所独，为偶则语必冗繁。又《文言》、《春秋》，同出孔子，《文言》为偶，《春秋》则单。以阴阳刚柔，非偶不优；年经月纬，非单莫属也。同是一人之作，而不同若此，则所谓辞尚体要矣。

骈散之分，实始于唐，古无是也。晋宋两代，骈已盛行。然属对自然，不尚工切。晋人作文，好为迅速。《兰亭序》醉后之作，文不加点，即其例也。昭明《文选》则以沉思翰藻为主，《兰亭》速成，乖于沉思，文采不艳，又异翰藻，是故屏而弗录。然魏晋佳论，譬如渊海，华美精辨，各自擅场。但取华美，而弃精辨，一偏之见，岂为允当，顾《文选》所收对偶之文，犹未极其工切也。

降及隋唐，镂金错采，清顺之气，于焉衰歇，所以然者，北人南学（如温子升辈是），得其皮毛，循流忘返，以至斯极。于是初唐四杰廓清之功，不可没也（颜师古作《等慈寺塔记铭》，有意为文，即不能工；杨盈川作《王子安文集序》，以为当时之文，皆糅之金玉龙凤，乱之青黄硃紫，子安始革此弊）。降及中叶，李义山始专力于对仗，为宋人四六之先导。王子安落霞、孤鹜二语，本写当时眼前景物，而宋人横谓落霞，飞蛾之号以对孤鹜，乃为甚工（宋人笔记中多此语），其可笑有如此者。骈文本非宋人所工，徒以当时表奏皆用四六，故上下风行耳。欧阳永叔以四六得第。虽宗韩柳，不非骈体（永叔举进士，试《左氏硃之诬论》有"石言于晋，神降于莘；内蛇斗而外蛇伤，新鬼大而故鬼小"语，颇以自矜）。东坡虽亦作四六，而常讥骈体。平心论之，宋人四六实有可议处也。清乾隆时，作骈体者规摹燕许，斐然可观。李申耆选《骈体文钞》（申耆，姚姬传之弟子，肄业钟山书院，反对师说，乃作是书），取《过秦论》、《报任步卿书》，一切以为骈体，则何以异于桐城耶？阮芸台妄谓古人有文有辞，辞即散体、文即骈体，举孔子《文言》以证文必骈体，不悟《系辞》称辞，亦骈体也。刘申叔文本不工，而雅信阮说。余弟子黄季刚初亦以阮说为是，在北京时，与桐城姚仲实争，姚自以老髦，不肯置辩。或语季刚：呵斥桐城，非姚所惧；诋以末流，自然心服。其后白话盛行，两派之争，泯于无形。由今观之，骈散二者本难偏废。头绪纷繁者，当用骈；叙事者，止宜用散；议论者，骈散各有所宜。不知当时何以各执一偏，如此其固也。

邹阳，纵横家也。观其上书（《邹阳》七篇，《汉志》入纵横家。《史记》，邹阳与鲁仲连同传。周孔之作不论，论汉人之作，相如、子云之文非有为而作，故特数邹阳），行文以骈。而文气之盛，异于后之四六。是故谓骈体气弱，未为笃论。宋子京《笔记》谓作史不应用骈语；刘子玄亦云：史文用骈，似箫笛杂鼙鼓、脂粉饰壮士。此谓叙事不宜用骈也。不仅宋子京、刘子玄如此，六朝人作史，亦无用骈语者。唐诏令皆用骈体，而欧阳永叔撰《新唐书》，一切削去，此则太过。夫诏令以骈而不可录；罪人供状，词旨鄙俚，莫此为甚，何为而可录耶？后人不愿为散体者，谓散体短于说理，不知《崇有》、《神灭》之作，亦非易为。若夫桐城派导源震川（尧峰亦然），阳湖略变其法，而大旨则同。震川之文，好摇曳生姿，一言可了者，故作冗长之语。曾涤笙讥之曰："神乎、味乎？徒辞费耳。"此谓震川未脱八股气息也。至于散之讥骈，谓近俳优，此亦未当。玉溪而后，雕绘满眼，弊固然矣。若《文选》所录，固无襞积拥肿之病也。今以口说衡之，历举数事，不得不骈；单述一理，非散不可。二者并用，乃达神旨。以故，骈散之争，实属无谓。若立意为骈，或有心作散，比于削趾适屦，可无须尔。

骈散合一之说，汪容甫倡之，李申耆和之。然晋人为文，如天马行空，绝无依傍，随笔写去，使人难分段落。今观容甫之文，句句锻炼，何尝有天马行空之致；容甫讥呵望溪，而湘绮并诮汪、方。湘绮之文，才高于汪，取法魏晋，兼宗两汉。盖深知明七子之弊，专学西汉，有所不逮；但取晋宋，又不甘心。故其文上取东汉，下取魏晋，而自成湘绮之文也。若论骈散合一，汪、李尚非其至，湘绮乃成就耳。然湘绮列传碑版，摹拟《史记》，袭其成语，往往有失检之处。如《邹汉勋传》云："如邹汉勋者，又何以称焉？"此袭用《史记·伯夷列传》语而有误也。夫许由、卞随、务光之事，太史疑其非实，故作此问。若邹汉勋者，又何疑焉？

三、周秦以来文章之盛。论历代文学，当自周始。孔子曰："郁郁乎文哉，吾从周。"周初之文，厥维经典，不能论其优劣。春秋而后，始有优劣可言。春秋时文体未备，综其所作，记事、叙言多而单篇论说少。七国时文体完具，但无碑版一体。钟鼎虽与碑版相近，然其义不可索解。故正式碑版，断自秦后起也（任昉《文章缘起》，其书真伪不可知，所论亦未可信据）。概而论之，文章大体备于七国；若其细碎，则在六朝。六朝之后，亦有新体，如墓志，本为不许立碑者设；后世碑与墓志并用，其在六朝，墓志不为正式文章也。又如寿序，宋以前犹未著。然论文学之盛衰，固不拘于文体之损益。

自唐以来，论文皆以气为主。气之盛衰，不可强为。大抵见理清、感情重，自然气盛。周秦之作，未有不深于理者，故篇篇有气。论感情，亦古人重于后人。《颜氏家训》谓："别易会难，古人所重；江南饯送，下泣言离。"梁武帝送弟王子侯出为东郡，云："我年已老，与汝分张，甚以恻怆。"数行泪下。非独爱别离如此，即杯酒失意，白刃相仇，亦惟深于感情者为然。何者？爱深者恨亦深，二者成正比例也。今以《诗经》观之，好贤如《缁衣》，恶恶如《巷伯》，皆可谓甚真。至于《楚辞·离骚》之忠怨，《国殇》之严杀，皆各尽其致。汉人叙战争者，如《项羽本纪》、《李陵列传》，有如目睹，非徒其事迹之奇也，乃其文亦极描写之能事矣。此在后世文人为之，虽有意描写，亦不能几及。何也？其情不至也。大抵抒情之作，往往宜于小说。然自唐以降，小说家但能叙鬼怪，而不能叙战争攻杀。此由实情所无，想象亦有所不逮。惟有男女之情，今古不变，后世小说，类能道之。然人之爱情，岂仅限于男女？君臣、父子、兄弟、朋友，无不有爱情焉。而后世小说之能事，则尽于述男女而已。

汉人之文，后世以为高，然说理之作实寡。魏晋渐有说理之作，但不能上比周秦。今人真欲上拟周秦两汉，恐贻举鼎绝膑之诮。明七子李空同辈，高谈秦汉，其实邯郸学步耳。后七子如李沧溟文，非其至者，而诗尚佳；王凤洲文胜于沧溟，颇能叙战争及奇伟之迹，此亦由于情感激发尔。如杨椒山之事，人人愤慨，故凤洲所作行状，有声有色。顾持较《史》、《汉》，犹不能及。以《史》、《汉》文出无心，凤洲则有意摹拟，着力与不着力，自有间也。

抒情说理之作如此，其非抒情亦非说理如《七发》之类者亦然（《七发》亦赋类）。《七发》气势浩瀚，无堆垛之迹，拟作者《七启》、《七命》即大有径庭。相如、子云之赋，往往用同偏旁数字堆垛以成一句，然堆垛而不觉其重。何也？有气行乎其间，自然骨力开张也。降及东汉，气骨即有不逮。然《两都》、《两京》以及《三都》，犹粗具规模，后此则无能为之者矣。此类文字，不关情之深、理之邃，以余度之，殆与体气有关。汉人之强健，恐什佰于今人，故其词气之盛，亦非后世所及。今人发古墓，往往见古人尸骨大于今人，此一证也。武梁祠画像，其面貌虽不可细辨，然鼻准隆起，有如犹太、回回人，此又一证也。汉世尚武之风未替，文人为将帅者，往往而有。又汉行征兵制，而其时歌谣，无道行军之苦者。唐代即不然，杜诗《兵车行》、《石壕吏》之属可证也。由此可见，唐人之体气已不逮汉人，此又一证也。以汉人坚强好勇，故发为文章，举重若轻，任意堆垛而不见堆垛之迹，此真古今人不相反矣。不特文章为然，见于道德者亦然。道德非尽出于礼，亦生于情。情即有关于气体。体气强则情重，德行则厚；体气弱，情亦薄，德行亦衰。孔子曰："仁者必有勇。"知无勇不能行仁也。《吕氏春秋·慎大览》称孔子之劲,举国门之关,而不肯以力闻。《史记·仲尼弟子传》云:子路性鄙,少孔子九岁,好勇力,志伉直,冠雄鸡,佩豭豚,凌暴孔子。孔子设礼诱之,乃儒服委质,因门人请为弟子。今观孝堂山石刻子路像,奋袖抽剑,雄鸡之冠,与《史记》所言符合。知孔子之服子路,非仅用礼,亦能以力胜矣。后世理学家不取粗暴之徒,殆亦为无孔子之力故耳(澹台灭明之斩蛟,亦好勇之证也)。夫并生一时代者,体格之殊,当不甚远。孔子、墨子,时代相接。孔子之勇如此,则墨子之以自苦为极,若救宋之役,百舍重茧而不息,亦可信矣。自两汉以迄六朝,文气日以衰微者,其故可思也。《世说新语》记王子猷、子敬俱坐一室,上忽发火,子猷遽走避,不惶取屐;子敬神色恬然,徐唤左右,扶凭而出,不异平常。尔时膏粱子弟,染于游惰如此,体气之弱可知矣。有唐国势,虽不逮两汉,犹胜于六朝。故燕许大手笔,文虽骈体,气骨特健,自此一变而为韩柳之散文。宋代尚文,讳言武事,欧、曾、王、苏之作,气骨已劣于韩、柳。余常谓文不论骈散,要以气骨为主。曾涤笙倡阴阳刚柔之说,合于东人所谓壮美、优美者。以历代之作陈之:周、秦、两汉之文刚,魏、晋南朝之文柔;唐代武功犹著,故其文虽不及两汉,犹有两汉遗风;宋代国势已弱,故欧、苏、曾、王之文,近于六朝;南宋及元,中国既微,文不成文;洪武肇兴,驱逐胡虏,国势虽不如汉唐,优于赵宋实远。其异于汉唐者,汉唐自然强盛,明则有勉强之处耳。明人鉴于宋人外交之卑屈,故特自尊大。凡外夷入贡,表章须一律写华文,朝鲜、安南文化之国,许其称臣;南洋小国及满洲之属,则降而称奴。天使册封,不可径入其国城,须特建大桥,逾城而入;贡使之入中国者,官秩虽高,见典史不可不用手本,不可不称大人。外夷称中国曰天朝者,即始于此。诸如此类,即可见明代国势之盛,出于勉强。国势如此,国人体气恐亦类此。其见于文事者,台阁体不足为代表,归震川闲情冷韵之作,亦不足为代表，所可代表者，为前后七子之作。彼等强学秦汉，力不足以赴之，譬如举鼎绝膑，不自觉其面红耳赤也。归震川生长昆山，王凤洲生长太仓，籍贯同隶苏州，而气味差池。震川与凤洲争名，二人皆自谓学司马子长，然凤洲专取《史记》描摹之笔及浓重之处，震川则以为《史记》佳处在闲情冷韵。盖苏州人好作冷语，震川之文，苏州人之文也。震川殆知秦汉不易学，而又不甘自谓不逮秦汉，故专摹《史记》之冷语欤？由此遂启桐城派之先河。桐城派不皆效法震川，顾其主平淡、不主浓重则同。姚姬传学问之博，胜于方望溪，而文之气魄则更小。谋篇过六七百字者甚罕。梅伯言修饰更精，而气体尤不逮矣。曾涤笙以为学梅伯言而以为未足，颇有粗枝大叶之作，气体近于阳刚。此其故关于国势、体力。清初国势之盛，乃满洲之盛，非汉族之盛。汉人慑伏于满洲淫威之下，红营兵丁大抵赢劣，营汛武职官俸薄，往往出为贾竖，自谋生活，其权力犹不如今之警察，故汉人皆以当兵为耻。夫不习戎事，则体力弱；及其为文，自然疲苶矣。曾涤笙自办团练，以平洪杨之乱，国势既变，湘军亦俨然一世之雄，故其文风骨遒上，得阳刚之气为多。虽继起无人，然并世有王湘绮，亦可云近于阳刚矣。湘绮与涤笙路径不同，涤笙自桐城入而不为八家所囿；湘绮虽不明言依附七子，其路径实与七子相同，其所为诗，宛然七子作也。惟明人见小欲速，文章之士，不讲其他学问。昌黎云：作文宜略识字。七子不能，故虽高谈秦汉，终不能逮。湘绮可谓识字者矣，故其文优于七子也。由上所论，历代文章之盛衰，本之国势及风俗，其彰彰可见者也。

  文之变迁，不必依骈散为论，然综观尚武之世，作者多散文；尚文之世，作者多骈文。秦汉尚武，故为散文，骈句罕见。东汉崇儒术，渐有骈句。魏晋南朝，纯乎尚文，故骈俪盛行。唐代尚武，散体复兴（唐人散体，非始于韩柳。韩柳之前，有独孤及、梁肃、萧颖士、元结辈，其文渐趋于散。惟魄力不厚。至昌黎乃渐厚耳。譬之山岭脉络，来至独孤、萧、梁，至韩柳乃结成高峰也）。宋不尚武，太其文通行四六。作散文者，仅欧、曾、王、苏数人而已（姚姬传云：论文章，虽砵子亦未为是。大抵南宋之文，为后世场屋之祖。吕东莱、陈止斋、叶水心，学问虽胜，文则不工。《东莱博议》，纯乎场屋之文。陈止斋、叶水心之作，当时所谓对策八面锋，亦仅可应试而已）。余波及于明清。桐城一派，上接秦汉、下承韩柳固不足，以继北宋之轨则有余，胜于南宋之作远矣。

　　唐宋以来之散文，导源于独孤及、萧颖士辈，是固然矣。然其前犹可推溯，人皆不措意耳。《文中子》书，虽不可信，要不失为初唐人手笔。其书述其季弟王绩（字无功，号东皋子），作《五斗先生传》（见《事君》篇），其文今不可见。以意度之，殆拟陶渊明之《五柳先生传》。其可见者，《醉乡记》、《负苓者传》，皆散漫而不用力，于陶氏为近，不可不推为唐代散文之发端。又马、周所作章奏，摹拟贾太傅《治安策》，于散体中为有骨力。唐人视周为策士一流。不与文学之士同科，实亦散文之滥觞也。大凡文品与当时国势不符者，文虽工而人不之重。燕许庙堂之文，当时重之，而陆宣公论事明白之作，见重于后世者，当时反不推崇。萧颖士之文，平易自然。元结始为谲怪，独孤及、梁肃变其本而加之厉。至昌黎始明言词必己出，凡古人已用之语，必屏弃不取，而别铸新词。昌黎然、柳州亦然，皇甫湜、孙樵，无不皆然。风气既成，宜乎宣公奏议之不见崇矣。然造词之风，实非始于昌黎。《唐阙史》云："左将军吐突承璀（昌黎同时人）方承恩顾，及将败之岁，有妖生所居。先是，承璀尝华一室，红梁粉壁，为谨诏敕藏机务之所。一日，晨启其户，有毛生地，高二尺许，承璀大恶之，且恐事泄，乃躬执箕帚，芟除以瘗，虽防口甚固，而娓娓有知者。承璀尤不欲达于班列。一日，命其甥尝所亲附者曰：'姑为我微行省闼之间，伺其丛谈，有言者否。'甥禀教敛躬而往，至省寺，即词诘守卫，辄不许进。方出安上门，逢二秀士，自贡院回，笑相谓曰：'东广坤毳可以为异矣。'甥驰告曰：'醋大知之久矣，（原注：中官谓南班，无贵贱皆呼醋大）且易其名呼矣。'谓左军为东广、地毛为坤毳矣。"易左军地毛曰东广坤毳则与称龙门虬户无异，以言之者无碍，闻之者立悟。知唐人好以僻字易常名，乃其素习。故樊宗师作《绛守居园池记》，而昌黎称为文从字顺也。今观其文，代东方以丙、西方以庚，亦东广坤毳之类。昌黎称之者，以其语语生造，合于己意也。盖造词为当时风尚，而昌黎则其杰出者耳。

欧阳永叔号称宗师韩柳，其实与韩柳异辙。惟以不重四六为学韩柳耳。永叔《题绛守居园池记》，诋呵樊氏，不遗余力，可知其与昌黎异趣矣。宋子京与永叔同时，皆以学昌黎为名，而子京喜造词，今《新唐书》在，人以涩体称之，可证也。夫自作单篇，未尝不可造词；作史则不当专务生造。子京之文，有盛名于时，及永叔之文行，趋之者皆崇自然；于是子京之文不复见称道。故知文品不合于时代，虽工亦不行也。

唐末迄于五代，文之衰弊已极。北宋初年，柳河东（开）、穆伯长（修）稍为杰出。河东文实不工，伯长才力薄弱，而故为诘屈聱牙。于时王禹偁所作，实较柳穆为胜，惟才力亦薄弱耳。禹偁激赏丁谓、孙何，《宋史·丁谓传》云：谓与何同袖文谒禹偁，禹偁重之，以为自唐韩愈、柳宗元后，三百年始有此作。二人之文，今不可见。穆伯长弟子尹师鲁（洙），文颇可观。苏子美（舜钦）亦佳，师鲁之文，永叔所自出，惟师鲁简炼，永叔摇曳为异。永叔之文，震川一派所自昉也。苏子美仕不得志，颇效柳州之所为，永叔亟称之。此二家较柳穆王三家为胜。又永叔同时有刘原父（敞），才力宏大，司马温公文亦醇美。今人率称八家，以余论之，唐宋不止八家。唐有萧颖士、独孤及、韩愈、柳宗元、李翱六家（皇甫湜、孙樵不足数），宋则尹殊、苏舜钦、刘敞、宋祁、司马光、欧阳修、曾巩、王安石、苏洵父子，合十一家（柳、穆、王不必取，苏门如秦观之《淮海集》、苏过之《斜川集》，文非不佳，惟不出东坡之窠臼，故不取。元结瑰怪，杜牧粗豪，亦不取），合之可称唐宋十七家。茅鹿门之所以定为八家者，盖韩柳以前之作，存者无多；宋初人文亦寡。六家之文，于八股为近；韩柳名高，不得不取：故遂定为八家耳。

权德与年辈高于昌黎，文亦不恶，惟少林下风度耳。明台阁体即自此出。杜牧之文为侯朝宗、魏叔子所自出。惟粗豪太过耳。近桐城、阳湖二派，拈雅健二字以为论文之准。然则权德与雅而不健，杜牧之健而不雅。雅健并行，二家所短。若依此选文，唐可八家（合权、杜数之），宋可十六家（合柳、穆、王、秦、苏过数之），允为文章楷则矣（雅健者，文章入门之要诀，不仅散文之须雅健，骈文亦须雅健，派别可以不论）。乾嘉间朱竹君（筠）《笥河文集》行于北方，其文亦雅而不健，似台阁一路。姚姬传笑之，以为笥健，不可；健而不雅，亦不可。明于雅健二字，或为独行之文，或为著作之文，各视其人之力以为趣舍，庶乎可以言文。

继此复须讨论者，文章之分类是也。《文心雕龙》分为十九类，《古文辞类纂》则为十二类。今依陆士衡《文赋》为说，取其简要也。自古惟能文之士为能论文，否则皮傅之语，必无是处。士衡《文赋》，区分十类，虽有不足，然语语确切，可作准绳，其言曰："诗缘情而绮靡，赋体物而浏亮，碑披文以相质，诔缠绵而凄怆，铭博约而温润，箴顿挫而清壮，颂优游以彬蔚，论精微而朗畅，奏平彻以闲雅，说炜晔而谲诳。"十类以外，传状序记，士衡所未齿列。今案：象传一项，晋人所作，有《李郃传》、《管辂传》》，全文今不可见。就唐人所引观之，大抵散漫，无密栗之致。行状一项，《文选》录任彦昇《竟陵文宣王行状》一篇，体裁与后世所作不类。原行状之体，本与传同，而当时所作，文多质少，语率含浑（行状上之尚书，考功司据以拟谥，李翱以为今之行状，文过其质，不可为据，始变文为质，不加藻饰）。游记一项，古人视同小说，不以入文苑。东汉初，马第伯作《封禅仪记》，偶然乘兴之笔。后则游记渐孳，士衡时尚无是也。序录一项，古人皆自著书而自为序。刘向为各家之书作序，此乃在官之作；后世为私家著述作序者，古人无是也。此四项，士衡所不论，今就士衡所赋者论之：

诗、赋：士衡缘情、体物二语，实作诗造赋之要。赋本古诗之流，七国时始为别子之祖。至汉，《子虚》、《上林》，篇幅扩大，而《古诗十九首》仍为短章。盖体物者，铺陈其事，不厌周祥，故曰浏亮。缘情者，咏歌依违，不可直言。故曰绮靡。然赋亦有缘情之作，如班孟坚之《幽通》、张平子之《思玄》、王仲宣之《登楼》，皆偶一为之，非赋之正体也。

碑、诔：古人刻石，不以碑名。秦皇刻石，峄山、泰山、琅琊、碣石、会稽诸处，皆真称刻石，不称碑。庙之有碑，本以丽牲；墓之有碑，本以下棺。作碑文者，东汉始盛。今汉碑存者百余通，皆属文言。往往世系之下，缀以考语；所治何学，又加考语；每历一官，辄加考语，无直叙其事者。故曰"披文以相质也"。不若是，将与行状、家传无别。魏晋不许立碑；北朝碑文，体制近于汉碑；中唐以前之碑，体制亦未变也。独孤及、梁肃始为散文，然犹不直叙也。韩昌黎作《南海神庙碑》，纯依汉碑之体；作《曹成王碑》，用字瑰奇，以此作碑则可，作传即不可。桐城诸贤不知此，以昌黎之碑为独创，不知本袭旧例也（昌黎犹知文体，宋以后渐不然）。宋人作碑，一如家传，惟首尾异耳。此实非碑之正体。观夫蔡中郎为人作碑，一人作二三篇，以其本是文言，故属辞可以变化；若为质言，岂有一人之事迹，可作二三篇述之耶？至汉碑有称"诔曰"者，知碑与诔本不必分，然大体亦有区别。碑虽主于文饰，仍以事实为重。诔则但须缠绵凄怆而已。后世作诔者少，潘安仁《马汧督诔》，乃是披文相质之作。碑与诔故是同类。后世祭文，则与诔同源。

铭、箴：碑亦有铭。此所谓铭，则器物之铭也。崔子玉《座右铭》，多作格言，乃《太公家教》之类，取其义，不取其文耳。张孟阳《剑阁铭》云："敢告梁益。"是箴体也。所谓博约温润者，语不宜太繁，又不宜太露。然则《剑阁铭》是铭之正轨也。箴之由来已久。官箴王阙，本以刺上，后世作箴，皆依《虞箴》为法，扬子云、崔亭伯官箴、州箴，合四十余篇。所与铭异者，有顿挫之句，以直言为极，故曰"顿挫而清壮"也。张茂先《女史箴》，笔路渐异，尚能合法；至昌黎《五箴》，则失其步趋者也。

颂、论：三颂而外，秦碑亦颂之类也。刻石颂德，斯之谓颂矣。惟古代之颂，用之祭祀。生人作颂，始于秦碑，及后人作碑亦称"颂曰"是也。柳子厚作《平淮西雅》，其实颂也。颂与雅，后世不甚分耳。要以优游炳蔚为贵。论者，评议臧否之作。人之思想，愈演愈深，非论不足以发表其思想，故贵乎精微朗畅也。士衡拟《过秦》作《辩亡论》，议封建作《五等论》。二者皆论政之文，故为粗枝大叶，而非论之正体。当以诸子为法，论名理不论事理，乃为精微朗畅者矣。庄荀之论，无一不合精微朗畅之旨。韩非亦有之，但不称论耳（论事之作，不以为正体，王褒《四子讲德论》作于汉代，周秦无有也）。《文选》录王褒《四子讲德论》，论事本非正体，当为士衡所不数。盖周秦而后，六朝清谈佛法诸论，合乎正轨。《崇有论》反对清谈，《神灭论》反对佛法，此亦非朗畅不能取胜。此种论，唐以后不能作。盖唐以后人只能论事理，不能论名理矣。刘梦得、柳子厚作《无论》，似乎精细，要未臻精微朗畅之地。宋儒有精微之理，而作文不能朗畅，故流为语录。

奏、说：七国时游说，多取口说而鲜上书，上书即奏也。纵横家之作，大抵放恣，苏秦、范雎是矣，即李斯《谏逐客》亦然。自汉人乃变为平彻闲雅之作，以天下统一，纵横之风替也。平则易解，雅则可登于庙堂。此种体式，自汉至唐不变。至明人奏议，辄以痛骂为能事，故焦里堂谓温柔敦厚之教至明人而尽。如杨叔山劾严嵩曰贼嵩，虽出忠愤，甚非法式。又如刘良佐、刘泽清称福王拘囚太子是无父子，不纳童氏是无夫妇。又如万历时御史献酒、色、财、气四箴，此皆乖于进言之道。自唐以来，奏议以陆宣公为最善；既平彻又闲雅，可谓正体；所不足者，微嫌繁冗耳。唐人好文，三四千言之奏，人主犹能遍览，若在后世，正恐无暇及此。曾涤笙自谓学陆宣公，今观其文，类于八股，平固有之，雅则未能。甲午战后，王湘绮尝代李少荃奏事，多引《诗》、《书》，摹拟汉作，雅则有余，平则不足。于是知平彻闲雅之难也。说者古人多为口说，原非命笔为文，《文心雕龙》讥评士衡，谓"自非谲敌，则惟忠与信，披肝胆以献主，飞文敏以济辞，此说之本也"。不悟七国游士，纵横捭阖，肆口陈言，取快一时，确有炜晔谲诳之观，然其说必与事实相符，乃得见听。苏秦立合纵，非易事也。而六国之君听之者，固以其口辩捷给，亦为有其实学耳。《因策》言苏子去秦而归，揣摩太公阴谋之符，然后出说人主。由今观之，苏子亦不徒恃阴谋，盖明于地理耳。七国时地图难得，惟涉路远者，知舆地大势。荀子游于列国，故《议兵篇》所言地理不误，自余若孟子之贤，犹不知淮泗之不入江（《孟子》："决汝汉、排淮泗而注之江。"不知淮泗不入江也）。汉兴，萧何入关，收秦图籍，故能知天下形势。否则，高祖起自草莽，何由知之？惟苏秦居洛阳，必尝见地图，故每述一国境界，悉中事情，然后言其财赋之多寡，兵力之强弱，元元本本，了然无遗。其说赵肃候也，谓"臣请以天下之地图按之"。夫以草泽匹夫，而深知国情如此，宜乎六国之君不敢不服其说矣。后世口说渐少，惟战争时或有之，留侯之借箸、武侯之求救于孙权，皆所谓谲诳者。后杜牧之作《燕将录》，载浑忠为燕牧刘济使，说魏牧田季安；又元和十四年说刘济子忠，皆慷慨立谈，类于苏秦。颇疑牧之所文饰，非当时实事。昌黎作《董晋行状》，述晋对李怀光语，亦口若悬河。晋服官无闻，此亦疑昌黎所文饰也。然则苏秦而后，口说可信者，惟留侯、诸葛二事。要皆炜晔谲诳，不尽出于忠信，以此知士衡之说为不可易也。

　　综上所论，知士衡所举十条，语语谛当，可作准绳。至其所未及其，祭文准诔，传状准史（今人如欲作传，不必他求，只依《史》、《汉》可矣。行状与传，大体相同，惟首尾为异。且行状所以议谥，明以来议谥不据行状，则行状无所用之，不作可也）。序记之属，古人所轻。官修书库，序录提要，盖非一人所能为。若私家著述，于古只有自序；他人作之，亦当提挈纲首，不可徒为肤泛。记惟游记可作，《水经注》、马第伯《封禅仪记》，皆足取法。宋人游记叙山水者，多就琐碎之处着笔，而不言大势，实无足取。余谓《文赋》十类之外，补此数条已足。姚氏《古文辞类纂》分十三类，大旨不谬。然所见甚近，以唐宋直接周秦诸子、《史》、《汉》，置东汉、六朝于不论，一若文至西汉即斩焉中绝，昌黎之出真似石破天惊者也。天下安有是事耶？余所论者，似较姚氏明白。

论 气 运

钱 穆

钱穆（1895～1990），字宾四，号未学斋主，笔名公沙、藏身云等。江苏无锡人。著名的思想史学家、历史学家。钱穆一生勤奋，专心从事著书立说，长期研究史学，功底深厚，造诣很高，享誉中外。主要著作有《墨子》、《孟子研究》、《国史大纲》、《国史新论》、《中国思想史》、《中国近三百年学术史》、《宋明理学概述》等

中国人常讲气运，若把此两字分开，便是气数与命运。这气数与命运，不能简单地说是迷信。其实此两观念，在中国传统思想史里，有其根深蒂固的立足点。我们该仔细分析与阐发。

中国人从古到今都讲到那个气字。气究竟是指的什么呢？中国思想里的气字，至少有两个含意：一是极微的，二是能动的。若把宇间一切物质分析到最后，应该是极微相似。惟其极微，即分析到最后不可再分析时，便必然成相似了。若不相似应仍不是极微，仍属可分。那一种极微相似、不可再分析的最先物质，及宇宙万物之共同原始，中国人则称此为气。这一种极微相似的气，如何会演变出宇宙万物呢？这就是讲到气之第二特性，即气是能动的，不停止的、不能安静而经常在活动的，惟其如此，所以能从极微相似变化出万种不同来。气之变化活动，简单说只有两种形态，一是聚与合，又一是散与分。宇宙间只是那些极微相似的气在活动，在聚散，在分合。聚而合

便有形象可睹，有体质可指。聚而散，便形象也化了，体质也灭了。聚而合，便开启出宇宙间万象万物；分而散，便好像此宇宙之大门关闭了，一团漆黑，一片混沌。中国人称此聚而合者为阴气。其实气并没有阴阳。气老在那里一阴一阳，一阖一辟，此亦即中国人之所谓道。所以道是常动的。道可以含有正反两面，道可以有光明，也可以有黑暗。理则附于气而见。如二加二等于四，二减二等于零，同样有一理附随。

我们的生命过程也如此，由婴孩到幼童，从幼童到青年，从青年而壮年而老年而死去。也不是一天突然而变的，还是积渐成变，此积渐之过程，则亦只称为化。因此宇宙一切现象，乃在一大化中形生出万变。若勉强用西方哲学的术语来讲，也可说这是由量变到质变。因中国人说气，乃是分析宇宙间一切万物到达最原始的一种极微相似，就气的观念上，更不见有分别。盈宇宙间只是混同一气，何以会变成了万物的呢？其实则只是此相似之气所积的数量之不同。如是则一切质变，其实尽只是量变。宇宙间所形成的万形万象，一句话说尽，那都是气数。

因此气数是一种变动，但同时又是一种必然。此种变动，从极微处开始，谁也觉察不到，但等它变到某一阶段，就可觉得突然大变了。孟子说，我善养吾浩然之气。那浩然之气如何养的呢？

孟子说，此乃集义所生。何谓集义？只要遇到事，便该问一个义不义，义便做，不义便不做。故说，勿以善小而弗为，勿以恶小而为之。起先，行一义与行一不义，似乎无区别，但到后便不同。

孟子又说，以直养而无害，平常所谓理直气壮，也只在某一时，遇某一事，自问理直，便觉气壮些。

但若养得好，积得久，无一时不直，无一事不直，那就无一时无一事不气壮；如是积到某阶段，自觉仰不愧于天，俯不怍于人，这如火候到了，生米全煮成熟饭，气候转了，春天忽变为夏天。内心修养的功候到了,到那时,真像有一股浩然之气,至大,至刚,塞乎天地,莫之能御了。那一股浩然之气。也不是一旦忽然而生。

中庸说,所过者化,所存者神,浩然之气近乎是神了,但也只是过去集义所生。因在过去时,以直养而无害,积义与直,积得久而深,一件事一件事的过去,好像都化了,不再存在了,却突然觉如有一股浩然之气存积在胸中,那岂不神奇吗?这不仅个人的私德修养有如此,即就社会群众行为言,亦如此,所谓社会群众行为,此指风气言,风气是群众性的,同时又是时代性的,在某一时代,大家都如此般行为,那就成为一时代之风气。但风气常在变,只一时觉察不到,好像大家都如此,而其实则在极微处不断地正在变。待其变到某一阶段,我们才突然地觉得风气已转移了。

若我们处在一个不合理想的时代,不合理想的社会中,我们必说风气不好,想要转移风气,但我们该知风气本来在转移,只我们该晓得究竟风气如何般在转移,那我们也可晓得我们该如何这般来转移风气了。

让我们先讲风气如何般形成,再说其如何般转移。让我举一个最浅之例来加以说明。女子服装,有时那样时髦,大家那样打扮,便成为风气。有时那样不时髦了,大家不再那样打扮,便说风气变了。有时那一套打扮正盛行,好像非如此打扮便出不得门,见不得人似的。但转瞬间不行了,正为那一套打扮,才使她出不得门,见不得人了。袖子忽而大,忽而小;裙子忽而长,忽而短;领子忽而高,忽而低。大家争这些,而这一些忽然地变了,而且是正相反的变。风行的时候,大家得照这样子行。不风行的时候,谁也不敢再这样行。这叫做风气。

但谁在主持这风气呢?又是谁在移转这风气呢?风气之成,似乎不可违抗,而且近乎有一种可怕的威力,但一旦风气变了,这项威力又何在呢?可怕的忽而变作为可耻的,谁也不敢再那样。以前那一种谁也不敢违抗而近乎可怕的威力，又是谁赋与了它，谁褫夺了它的呢？

开风气，主持风气，追随风气，正在广大群众竞相趋附于此风气之时，又是谁的大力在转移那风气呢？

风气之成，也是积微成著，最先，不是大家预先约定，说我们该改穿窄袖，改穿短裙了。因此开风气，必然起于少数人。少数人开始了，也决不会立刻地普遍流行，普遍获得大多群众模仿它。最先模仿此少数的，依然也只是少数，然而积少成多，数量上逐渐增添，到达某一阶段，于是竞相追步，少数忽然变成了多数，这也是一种气数呀！

本来在大家如此般打扮的风气之下，谁也不敢来违抗的。最先起来另弄新花样的人，必然是少数，少之又少，最先则只由一二人开始。止一二人，其本身条件必然是很美，很漂亮，但时兴的打扮，或许在她觉得不称身。她求配合她的本身美，才想把时行的打扮略微改换过。但她这一改换，却给人以新鲜的刺激，引起了别人新鲜的注意。立刻起来模仿她的。也不定和她具有同样的本身美，同样感到流行的时装，和她有些配不合，她才有兴趣来模仿此新装。在她们，本身都本是美女，换上新装，异样地刺激人注意，于是那新装才开始渐渐地流行了。若我们如此般想，原来那种时髦打扮，本也由少数一二人开始。而此少数一二人，本质必然是一个美人，惟其本身美，又兼衣着美，二美并，美益增美，才使人生心羡慕来模仿。

起先是以美增美，后来则成为以美掩丑了。因丑女也模仿此打扮，别人见此新装，便觉得美，岂不借此也可掩过她本身的几分丑了吗？但更因久了，大家竞相模仿，成为风气了，大家如此，见惯了，便也不觉得什么美。而且具有本质的美的毕竟少，丑的毕竟多，那一种时装，美的人穿，丑的人也穿，丑人穿得越多，别人因于见了穿此服装者之丑，而渐渐连带讨厌此服装，到那时，则不是以美掩丑，而变成以丑损美了。到那时，则社会人心渐渐厌倦，时装新样，变成了俗套。那些具有本质美的女子反受了损害。她们中，有些不甘随俗趋时同流合污，定是想别出心裁，照她自己身段和肤色等种种条件来自行设计，重新创出一套新装来，于是又回复到从前以美增美之第一阶段，而她的新装遂因此时行了。

但上述转变，也还得附有其他的条件。新装必然开始在大城市，美女试新装，必然是遇到大的筵宴舞会或其他交际场合之隆重典礼中，而才得以她的新装刺激别人，影响大众，很快形成了新风气。

若在穷乡僻壤，尽有美女，不会有新装。若闺房静女，纵在城市，即有新装，也不会很快地风行。

故古代有宫装、有贵族贵夫人装、有妓装，近代有电影明星、交际花、时代名女人等，她们在大都市，大场合，易于激动人注意。这些大场合，我们则称之曰势。纵使是美女，本质尽是美，又是新装，修饰打扮也够美，各种条件都配齐，但若没有势，仍不行。因此风气形成，除却创始者之内在本质外，还需其外在的形势。而此所谓势者，其实则仍是数。因此气势也即是气数，必须数量上增到某分际始生势。孤芳自赏，则不会成风气。

如上分析，可见风气虽时时而变。但不论开风气与转风气，在其背后，必有一些经常不变的真理作依据。即如女子服装，所以能成风气，第一依据于人群之爱美心与对美丑之鉴别力。第二依据于女性自身之内在美，本质美，然后再配合上服装修饰一些外在美，如是始可以来满足人群之爱美要求，而始得成为一时之风尚。但江山代有异人出，燕肥环瘦，各擅胜场，如当肥的得势，人群的鉴赏兴趣，集在肥的那一边，那些修饰外在之美，也配合在肥的一边而发展；美便掩盖了。一旦瘦的得势，人群的鉴赏兴趣，又转移到瘦的一边来，而那些修饰外在之美，也就配合干瘦的条件而发展。

所以服装风气之时时有变，不当专以人心之喜新厌旧这一端，来作平浅的解释。当知新的不就是美的，若专在标新立异上用心，也未必便能成风气。

当流行的时世装变成了俗套，就得要变，但还得期待一真美人出世，而那新美人，又得要有势。一般说来，电影明星易于影响大家闺秀，大家闺秀，便不易影响电影明星，而那些空谷佳人，则更难影响人。所以风气转变，又须得风云际会。云从龙，风从虎，风云则凑会到龙与虎的身边，但潜龙仍不能有大作用，必得飞龙在天，那时，满天云气便凑会到他身边。

再就艺术风尚言，如几十年来平剧旦角中有梅派，有程派。正因梅兰芳和程砚秋两人个性不同，嗓子不同，于是腔调韵味各不同，因此在旦角中形成了两派。

但梅也好，程也好，也都在他们所占形势好。当知有好嗓子，能自成一派的，当时并不限于梅与程，但梅程能在北平与上海，便得了势，他们拥有环境薰染，拥有大众欣赏，这些都是数。大家捧，不还是数吗？然则在平剧旦角中忽然有梅程出现，那也是气数。循至唱旦角中忽然有梅程出现，那也是气数。循至唱旦角的，不学梅，便学程，新腔渐渐变成了俗调，等待一时期，再有一位个性与梅程不同的新角色出来，那时便有新腔调，便有新花样，而剧台上便转出了新风气。

让我们进一步探讨，讲到学术与思想，那也是有时代风气的。学术思想，先由一二大师开创，开创学术思想的人，他感到对他时代，不得不讲话，他所讲，在当时，常是从未有人如此这般讲过的。

孔子以前，并未先有一孔子，孔子的话，记载在论语上，论语中所讲，在以前，并非先有一部论语，讲过了。但在孔子，并非存心标新立异要如此讲，只是在他当时，他内心感到有些话，不得不讲。

纵在以前绝未有如此般讲过，但他内心感到非如此讲不可。他讲了，于是有颜渊、子路、子贡一辈后起的优秀青年，跟着他来讲，这样便受人注意，讲出一风气来。但成了风气，大家如此讲，那就成为俗套了。

风气之成必挟着一个势，但由风气变成俗套，则所存也只是势利了。于是便有墨子出头来反对。墨子所讲，也有墨子一边的真理，墨子所以能另开一风气，另成一学派，绝不是偶然的。他本身个性既与孔子不同，他的时代又不同，他也抓住一些真理，他所抓住的那些真理，与孔子有不同。于是另一批青年，如禽滑厘之徒，又大家跟随墨子，讲墨子那一套。墨学得势了，成名了，接着又来杨朱与孟子，接着又来庄周、荀卿与老子，全走的如我上述的同条路线。

从孔子到韩非，三百年间，你反对我，他又反对你，一个接着一个，还不像女子服装般，窄袖变宽袖，长裙变短裙，一套一套在不断地变化吗？那也是风气。学识思想，绝没有历久不变的，只是慢慢地变，变得比女子服装更要慢得多。到了汉代，发生了一大变，人们都说，两汉学术思想，和先秦时代，魏晋南北朝隋唐时代，又不同了，宋元明时代，又不同了，清代两百六十年，又不同了。我们此刻，和清代学风又不同了。那些变化，其实仍还是气数！仍还是在一大化中引生出万变，仍还如女子服装般，依着同样的律则在转动。

当知一切新风气之创辟，其开始必然在少数，而在此少数人身上，又必然有其永久价值的本质美，内在美，而此种具有永久价值之本质美，内在美，又必早已埋伏在绝大多数人心里，因此仍必在多数人心上显现出来。即如美女之美，也即是多数人所欣赏之美，一切美之型式之出现，不能不说是先在多数欣赏者之心里早埋下了根。品德之美亦然，故孟子说，圣人先得吾心之所同然。

一代大师，在学术思想上有创辟，彼必具有一番济世、救世、淑世、教世心，而又高瞻远瞩，深思熟虑，能补偏救弊，推陈出新，发掘出人人心中所蕴藏所要求之一个新局面与新花样。

他一面是挽风气，救风气，一面是开风气，辟风气。其发掘愈深，则影响愈广。但此种美，并不如女性之形体美，风度美，可以一映即显，随照即明。

因此一代大师在学术思想上之创辟与成就，往往举世莫知，而且招来同时人之诽笑与排斥，只有少数聪明远见人才能追随景从。如是积渐逐步展开，往往隔历相当岁月，经过相当时期，此项本质内在之美，始可获得多数人之同喻共晓。但到那时，早已事过境迁，此一时，彼一时，又待另一派新学术新思想针对现实，继起创辟。而且最先此一创风气者，彼言人之所不言，为人之所不为，在旧风气中，彼乃一孤立者，彼乃一独见者，彼乃一叛逆者，彼乃一强固树异者，彼之一段精神，一番见识，必然因于其处境孤危，而历练奋斗出格外的光采来。但追随景从他的，处境不如他孤危，觅路不如他艰险，他早已辟了一条路，别人追随他，纵能继续发现，继续前进，所需的精力见解，毕竟可以稍稍减轻，因而光采也不如他发越。如是递下递减，数量愈增，气魄愈弱，每一风气，必如是般逐步趋向下坡。待到多数景从，而风气已弊，又有待于另一开创者来挽救。

少数者的事业，本是为着多数而始有其价值与意义，也随而变质了，仍待后起的少数者来另起炉灶。关于学术思想，正为多数参加，其事不易，故此项风气，可以维持稍久。而如女子服装之类，多数参加得快，风气改变得也快。

再就宗教言，故以中国俗语所说的祖师开山为例。当知祖师开山，不是件容易事。俗语说，天下名山僧占尽。可是占一名山，其间尽有艰难，尽有步骤。其先是无人迹，无道路，所谓丛林，则真是一丛林。从丛林中来开山，也并不是大批人手集合，一起来可以弹指即现的。其先只是孤伶伶一人，一峭岩古壁，一茅团。此人则抱定志愿，下大决心，不计年月，单独地在此住下来。逐渐附近人，则全是些樵夫牧童，穷坞荒砦，他们知道有这人了，又为他这一番大志愿大决心所惊动，所感召，渐渐集合，凑一些钱来供养他，乃始有小庙宇在此深山中无人迹处涌现。当知此乃祖师开山之第一步。此后又逐渐风声播扩，信徒来集日多，或有高足大德追随他，继承他，积甚深岁月，才始有美轮美奂、金碧辉煌之一境，把这无人迹的荒山绝境彻底改换了。

这是所谓的开山。但我们该注意，那开山祖师，并不是没有现成的寺庙可供他住下，来过他安定而舒服的生活，他为何定要到此荒山无人迹处来开山？当知在深山穷谷开辟大寺庙，不是件简单事。他当初依靠些什么，能把那庙宇建筑起？至少在他当时是具有一段宏愿，经历一番苦行，而那些事，渐渐给后来人忘了。后人则只见了那座金碧辉煌的大寺庙，千百僧众集合在那里，香火旺盛，满山生色。但此大寺庙，到那时却已渐渐走上了衰运。若使另有一位抱大宏愿，能大苦行的大和尚，终于会对此金碧辉煌的大建筑，香烟缭绕的大梵宇，不感兴趣，而又转向另一深山无人迹处去再开辟。这些话，并不是凭空的想象话，乃是每一住在深山大谷做开山祖师的大和尚所共同经历的一段真实史迹之概括的叙述。

让我更拈举一更小的例来讲，大雄宝殿的建筑，在此建筑前栽种几棵松柏来配合，这也不是件寻常事。依常情测，必然是建殿在前，栽树在后，松柏生长又不易，须得经过百年以上，才配得上此雄伟之大殿。一开始，稚松幼柏，是配不上此大殿巍峨的。但在创殿者的气魄心胸，则一开始便已估计到百年后。

我们先得能看破此世界，识透此世界，才能来运转此世界，改造此世界。我们得从极微处，人人不注意、不着眼处，在暗地里用力。人家看不见，但惊天动地的大事业，大变化，全从此开始。祖师开山，不是顷刻弹指可以涌现出一座大雄宝殿来。他自己努力不够，待他徒子徒孙继续地努力，只从极微处极小处努力着，气数未到得等待，等待复等待，气数到了，忽然地新局面创始了。你若问，此新局面是何时创始了？那却很难说。你须懂得气数二字之内之涵义，去慢慢地寻究思量了。但若气数完了，则一切没办法，只有另开始。譬如花儿谢了，果儿烂了，生米煮成熟饭了，便只有如此，更没有办法了。

上面所讲的气数，既不是迷信，也不是消极话。但一些没志气、无力量的人，也喜欢借此说法自慰藉。古书里一部《周易》，宋儒中有一位邵尧夫，现社会一切迷信，一切消极打算，也仍还尊奉着。中国民族是一个对历史有特别爱好的民族，中国人对历史演进，对人事变化，也特别有一番深微的看法。因之气数未到，会促之使它到。气数将尽，会续使之不尽。惊天动地，旋乾转坤的大事业，在中国历史上，时时遇到。中国人则只称之曰气数。这两字，如非深究中国历史的人物传统的思想与行为，很难把握其真义。

现在继续讲命运。中国人讲气，必连讲数。因气是指的一种极微而能动的，但它须等待积聚到一相当的数量，然后能发生大变化。命是指的一种局面，较大而较固定，故讲命必兼讲运，运则能转动，能把此较大而较固定的局面松动了，化解了。

而中国人讲气数，又必连带讲命运。这两面，斟酌配合，铢两权衡，必更迭互看活看，才看得出天地之化机来。

中国社会迷信爱讲命，命指八字言，八字配合是一大格局，这一格局便注定了那人终生的大命。但命的过程里，还有运。五年一小运，十年一大运，命是其人之性格，运是其人之遭遇。性格虽前定，但遭遇则随时而有变。因此好命可以有坏运，坏命可以有好运，这里的变化便复杂了。

人性本由天命来，由儒家演化出阴阳家，他们便种下了中国几千年来社会种种迷信之根。他们说，人的性格有多样，天的性格亦如此，如春天，乃青帝当令，他性好生。冬天，黑帝当令，他性好杀。因此春天来了，众生竞发，冬天来了，大地肃杀。天上有青黄赤白黑五帝，更迭当令，由此附合上春夏秋冬四季之变化，又配合上地上万物金木水火土五行，来推论宇宙人生一切运行与祸福，这派的思想，流传在中国全社会，根深入，极普遍，极活跃，极得势，我们也该得注意阴阳家所谓五行，其实只有五种性。他们把宇宙万物，概括分类，指出五种分别的性格，而举金木水火土五者作代表。既是五性，故又称五德，但何以又要说五行呢？因中国古人认为异性格相处，有相生，亦有相胜，即相克。

因此任何一种性格，有时得势，有时不得势。因它得势了，可以引生出另一种性格来。同时又可克制下另一种性格。被克制的失势了，但被引生的得势，那引生它的也即失势了。如是则万物间此五性格永远在相生相克，交替迭代，变动不断，而到底仍会循转一环，回复到原态势上来。如木德当令，金克木，木德衰，金德旺。但火克金，水克火，土克水，木克土，如是则木德又来当令了。又如木德当令。木生火，火生土，土生金，金生水，水生木，如是一循环，木德又得势，又当令了。此所谓五德终始，宇宙一切变化，粗言之，是阴阳一阖一辟，细分之，是五行相克相生。

庄子书中所谓时为帝，即是此意。主宰天地的也在变，有时木德为帝，有时则火德为帝了。此乃一大原则，但辗转引伸，便造成种种避忌与迷信的说法来。

本来阴阳五行之说，主要在讲宇宙的大动向，循此落实到人生界，于是有世运，有国运。而循次递降到维系主宰此世运与国运的几个大家族与大人物，于是又有家运与某一人的运。而更次递降，则每一人呱呱堕地，便有人来替他算八字，排行运了。又由五行八字转到地理风水，如西周都丰镐，东周迁洛邑。前汉都长安，后汉迁洛阳。

建都形势，有关国运兴衰。而循此递降，如上述祖师开山，某一山的气象形势，风景云物，山水向背，交通脉络，这在此一寺宇之几百年盛衰气运，也可说有莫大关系的。再次递降，到某一家宅，一坟墓。甚至一门户，一桌椅之位置形势，吉凶休咎，便又不足为凭了。

宋儒张载曾说，为天地立心，为生民立命，为往圣继绝学，为万世开太平。此是儒家说法。大众多数人的命，依随于大气运而定，大气运可以由一二人主持而转移，此一二人所能主持转移此大气运者，则在其方寸之地之一心。此方寸之地之一心，何以有此力量！则因有某一种学养而致然。此一种学养，往古圣人已创辟端倪，待我们来发扬光大。

万世太平之基，须在此一二人方寸之地之心上建筑起。若专讲气数命运，两眼只向外看，回头忘失了此心，则气数命运一切也无从推算了。当知由天道讲，性本于命。由人道讲，则命本于性。因此发扬至善之性，便可创立太平之运。又当知，由天道讲，则数生于气，由人道讲，则气转于数。因此积微成著，由集义可以养浩然之气，由一二人之心，可以主宰世运，代天行道了。

现在让我们姑为中华民族国家前途一推其命运。若论命，我中华国家民族，显然是一长生好命，后福无穷的。

若论运，则五十年一小变，一百年一大变，这最近一百年来，我中华国家民族，正走进了一步大恶运。此恶运则交在东西两大文化之相冲相克上。

但论运，指遭遇言，论命，指格局言。我中华国家民族，显然是一大格局，当知天下无运不成命，无命也不成运，当前的大危机，则在大家都太注重在目前的行运上，而忽忘了本身的八字大格局。你自己八字忘了，下面的一步运，谁也无法来推算。

中国人因于此一种气运观念之深入人心，所以懂得不居故常，与时消息，得意得势不自满，失意失势不自馁。朝惕夕厉，居安思危，如临深渊，如履薄冰，一刻也不松懈，一步也不怠慢。

中国人因于此一种气运观念之深入人心，所以又懂得见微知著，所谓月晕而风，础润而雨，一叶落而知秋，履霜坚冰至，君子见机而作，不俟终日。把握得机会，勇于创始，敢作敢为，拨乱返治，常自乎一二人之心之所向，而潜移默化，不大声以色。

中国人因于此一种气运观念之深入人心，所以又懂得反而求诸己，或出或处，或默或语，只要把握得枢机，便可以动天地。

所谓枢机，则只在他自己之一言一行。若此一言一行，只要感召到另一人，二人同心，其利断金，便可以无往而不利。所以每当历史上遇到大扰动，大混乱，便有那些稳居独善之士，退在一角落，稳提枢机，来斡旋那气运。

中国人因此于此一种气运观念之深入人心，所以又懂得遇穷思变，所谓穷则变，变则通，通则久。变育者，趋时者也。又说，通变之谓事。通其变，使民不倦。孔子圣之时者也，则正为他知变。他虽处周末衰世，他已然预知天之末将衰斯文。所以中国人传统观念中之圣人，则必然是应运而生的。应运而生便即是应变而生了。

犹忆我童时读《三国演义》，开卷便说，天下一治一乱，合久必分，分久必合，那些话。当时有一位老师指点我，说这些只是中国人旧观念，当知如今英法诸邦，他们一盛便不会衰，一治便不会乱，我们该好好学他们。在那时，我这位老师，正代表着一群所谓新知识开明分子的新见解。好像由他看来，英法诸邦的太阳，一到中天，便再不会向西，将老停在那里。

但曾几何时，不到五十年，连接第一第二次世界大战，英法诸邦也正在转运了。于是五十一年后的今天，我才敢提出中国人的传统老观念气运两字，来向诸位作此一番的演讲。

但所谓气运，并不是一种命定论。只是说宇宙乃及人生，有此一套好像是循环往复的变化。有宇宙人生则永远地在变，但所变也有一限度，于是好像又变回到老样子来了，其实那才是老样子？但尽管花样翻新，总还是有限。因此我们可以把它来归纳成几个笼统的大形式。

譬如女子服装，由窄袖变宽袖，再由宽袖变窄袖，由长裙变短裙，再由短裙变长裙般，宇宙人生一切变化，也可作如是观。

由渐变形生出骤变，由量变形生出质变，由少数转动了多数，又由多数淹没了少数，由下坡走向上坡，又由上坡转向下坡。宇宙人事之变，其实也不出此几套。

从前，西方的历史家，他们观察世变，好从一条线尽向前推，再不留丝毫转身之余地，如黑格尔哲学，他认为人类文明，如太阳升天般，由东直向西，因此最先最低级者是中国，稍西稍升如印度，如波斯，再转西到希腊，到罗马，西方文明自优过东方，最后则到日耳曼民族，那就登峰造极了。他不知中国易经六十四卦，既济之后，又续上一未济，未济是六十四卦之最后一卦，纵使日尔曼民族如黑格尔所说，是世界民族中之最优秀民族，全世界人类文明，到他们手里，才登峰造极，但登峰造极了，仍还有宇宙，仍还有人生，不能说宇宙人生待到日尔曼民族出现，便走上了绝境，陷入死局呀！

最近西方一辈文化史学者，才懂改变看法，也想演绎出几条大原则，描绘出几套大形式，来讲世界各民族文化兴衰的几条大路向。换言之，他们的历史看法，是像逐渐地接近了中国人传统的气运观。但他们总还是爱执着，爱具体，不能超然燕观，不能超乎象外，因此，他们总会带有几许悲观气氛，好像一民族，一文化，衰了，便完了，仍没有转身。

中国人的气运观，是极抽象的，虽说有忧患，却不是悲观。懂得了天运，正好尽人力。来燮理，来斡旋。方其全盛，知道它将衰，便该有保泰持盈的道理。方其极衰，知道有转机，便该有处困居危的道理。这其间，有可知，但也有不可知。有天心，但同也可以有人力。所以说"天下兴亡，匹夫有责"。天下之大，而至于其兴其亡，系于苞桑之际，正如一木何以支大厦，一苇何以障狂澜，而究竟匹夫有责，所以风雨如晦，鸡鸣不已，鲁阳挥戈，落日为之徘徊。那是中国人的气运观。

通货膨胀与岁计

陈岱孙

陈岱孙（1900～1997），原名陈总，生于福建闽侯县。著名经济学家、教育家。1918年就读于清华大学，1920年赴美留学，1922年获威斯康星大学文学学士，1924年获哈佛大学文学硕士，1926年获哈佛大学哲学博士，1928～1929年任清华大学教授、系主任、法学院院长，1937～1945年任西南联合大学经济系教授、系主任和商学系主任，1952～1954年任中央财政经济学院第一副院长、教授，北京大学经济系教授、系主任。主要著作有《经济学说史讲义》、《从古典经济学派到马克思》等。

一

通货膨胀一问题，在近四五年来，不但骤然引起社会上一般人民深切之注意，而且在货币学理上亦发生多少较为深刻之分析。战后通货膨胀恐慌之悲剧，虽未逐渐暗淡以至消灭。然回忆之印象，总不如当时身受刺激之强有力。1929年之后，经济萧条最明显之一基本征象，即为通货紧缩所引起之物价下跌。在此新刺激之下，过去对于通货膨胀绝不妥协之态度，颇有重新估定之主张。固然，在一方面，所谓通货坚定之主张，尚是根深蒂固，然在另一方面，所谓通货膨胀派之势力，已不可厚侮，而通货膨胀之主张，复渐有从空谈而变为实验之情况。通货膨胀派中派别不同，撇开其他较为极端或显著肤浅之主张者不论，吾人至少得承认就其中所谓管理膨胀（Controlled Inflation）一派之主张，未尝不可以有一学理上根据。货币政策之讨论，大都以全社会为对象，而讨论之中心总以所谓"经济稳定"（Economic Stabilization）为焦点。从货币政策全部之影响而言，此种注意整个社会经济之一般与各方面情形之讨论，自甚重要。然而在各方情形之中，有一特殊之经济机构，与通货膨胀一问题关系特为密切，而此经济机构之稳定，小焉之，与通货膨胀本身有相互因果的关系，大焉之，则与全部社会经济稳定有直接间接之影响。此经济机构即政策财政者是。只就经济立场而论，政府为一大消费者，以消费者之地位，其一切费用可以左右市场状况，而市场之变动，亦可以影响其消费之能力。同时政府消费能力之来源非自生的，而为间接的。盖政府之收入，莫不以强迫或契约或其他方式，间接从人民消费力中割取其一部，以供其费用。所谓政府岁计平衡问题，即为比较消费的需要，与其征收所得之消费能力。在社会一般经济均衡中，岁计平衡实占一重要之位置。苟通货膨胀扰乱及此社会一般经济均衡，则岁计平衡必受波及。此尚为消极一方面之关系。至于积极方面，政府岁计平衡本身，尽可为其他非货币因素之扰乱所破坏，而破坏之结果，乃影响及于通货政策，与社会之一般经济均衡。历史事例繁多，无须缕述。兹篇之目的，于讨论通货膨胀与此特殊经济方面之关系，一方面推求政府岁计所受膨胀之影响，另一方面说明其对于通货膨胀推动之力量，希望与此问题以一比较详细之学理解释。

二

本文中通货膨胀一辞，应作为广泛之解释。所谓通货者，包括货币与信用二者而言，则通货膨胀自然是指货币与信用二者增加之超过于维持现在物价稳定之状况。盖通货增加，即购买力增加。若购买力增加，而同时生产品增加，且二者增加之程度相同，则虽通货本身有绝对量上的增加，而相对量上可谓无增加。此种通货增加，便不可谓之为通货膨胀。反之，购买力增加——通货增加——而生产品不增加，或增加不若彼之多，则通货之增加，同时为绝对复为相对的。此种通货量之变动，即可谓之为通货膨胀，而膨胀之程度，则以购买力与生产品二者增加之程度来比较。庇古教授（Professor A. E. Pigou）尝疑以通货数量与生产数量之比例为通货膨胀之标准为不合，谓若通货数量不变，而生产数量因外来原因，如农产物因天时不佳而歉收等等，而减少，则二者数量之比例，亦将变更。以数量比例为标准，则似此情形不能不谓通货膨胀，而通货膨胀一辞乃失其重要之意义。庇谷教授之困难，在于无一同一之起点，而侧重于比例。比例之变更，当然受二方面之影响，故上文对于膨胀之释义，以购买力之增加为起点，然后再比较购买力——通货数量——与生产物增加之程度。如此，则惟有在通货数量增加条件之下，方可有通货膨胀之可能。他如农产之歉收等等外来因素所产生之生产物数量减少之情形，虽可引起类似通货膨胀所产生之现象，然若此先决条件——通货之增加——不完全，则不能谓之为通货膨胀者甚明矣。

三

通货膨胀之来源可简分之为二。为适应兹篇讨论起见，此二者可称之（一）为岁计以外势力所产生之通货膨胀，（二）岁计势力所产生之通货膨胀。上者，虽其反映及于政府岁计之影响甚深且大，然其发生之导因，与财政可绝然无关。盖工商业本身在某种情形之下，尽可骤然产生超过适合程度之新购买力需求，而金融机关苟于准备充分情形之下，亦乐于扩充其信用，则新购买力之增加，将超过生产物之增加，通货膨胀即因之而生。然此种导因，既非因政府岁计而造成，则与本文题旨无关，兹可不置论。至若下者，则新购买力之需求，导源于政府岁计均衡之不能维持，而以政府之势力为其策动。史例至多，无须缕述。政府岁计以均衡为原则，以不均为失常。然近代政府之能充裕处置每年之收支者实非易事。非常时期不论矣，即在通常时期，收支相较，尚时有不足之虞。于是因欲增加收入以维持预算之平衡，乃不惜取法于直接或间接增加新购买力之一途，通货膨胀遂因之产生。此种通货膨胀，其反映及于政府岁计者，或无殊于因任何导因所产生之膨胀。然其与岁计之关系实较为亲切，盖岁计之不均实为此膨胀之理由也。

然岁计均衡与通货膨胀之因果，非如上述之单纯。以一般情形而论，岁计之不均自有其种种不同之因素，而信用政策与通货膨胀之目的，即在于增加政府收入，以恢复岁计之均衡。简言之，则岁计之不均为因，通货之膨胀为果。然以近年之经验论，则上述之因果关系乃未必尽然。今日政府岁计之不均，未必为通货膨胀之起点，而或乃为通货膨胀政策之附产物；通货膨胀之主要目的，并不在维持岁计之平衡，而在于推行财政以外之经济政策。1929年之后，世界各国经济难关集中于物价一事。物价不恢复，经济繁荣绝不可期。然1929年后物价何以倾跌，此后恢复之途径如何，为一剧烈争辩之点。以现象论，则在物价下跌时期，通货数量必紧缩，而在物价高涨时期，通货必膨胀。二者之必有关系，自无问题。主货币学说以解释经济恐慌者，几以经济恐慌之造成，商业循环之流转，只有以货币机构之运用为理由。因之经济恐慌之救济，亦必取途于金融制度之改革，与货币机构之运用。根据此说，则过去物价下跌最大之原因，虽未必直接为通货紧缩，而通货之紧缩，实可解释其重重压迫之势力，与其难于复苏之情势。前此货币之紧缩，既为经济萧条之症结，则相反之通货政策，或可为经济繁荣之导因。以故，极端者，乃流为今日之所谓通货膨胀派,似以通货膨胀一事,为挽救物价复致繁荣之惟一途径。稳健者,至少亦同情于政府之以干涉货币金融制度,利用通货膨胀所得之新购买力,为推行政府各项经济政策之资本,希望借此通货膨胀与经济政策,以推动社会上停顿之经济机构,以逐渐恢复其通货之效率。此理论之当否,为另一问题,此不具论。所可注意者,即此政策之推行,在政府岁计方面,将加增若干支出,而造成不均现象。通货膨胀之表面,似为补偿此不均之状况而生,然问题之起点,并不在于岁计之不均,而在于货币政策之为先决问题。盖必先认定利用政府干涉通货政策,以推行其他经济设施为目标,然后政府岁计乃因之而不均。在提倡此种政策者之潜意识中,以通货膨胀强制提高物价,实为一基本信念。则岁计之不均,并不可视为通货膨胀之因,而实为一附带之产物。盖通货膨胀之主张,至少在政府之潜意识中,实已决策于考虑岁计平衡之前也。

四

通货膨胀之导因,与岁计平衡之关系,既如上述。今试考察通货膨胀之方式。通货膨胀之方式,因各国金融界之法规、组织、习惯不同而异。为针对我国现情而论,可简分为二:一为政府自发纸币,一为利用银行信用之扩大。上者较直接,亦较简单。下者较为间接,其因循之途径,亦较为复杂。于下略论之。

纸币发行本为政府之权利。银行之享有此权者,皆由政府所特许。不论何时,政府固可收回此特权,亦可以同时与银行并立利用此特权。故若政府忽遇非常需要,而种种顾虑,迫其放弃他种补偿收支不均之方法,而采取膨胀政策,则最简便之方式,即由政府自行印发纸币,抵充费用。然直接印发纸币之缺点,在其立即与人民以不良之印象,纸币之信用因之立为减少,而币价之下跌将无犹豫之时期。且若因此而立即造成市场恐慌，则纸币跌风之炽，将有甚于数量增加之比例。故现今政府之欲采取通货膨胀者，直接印发纸币方式，乃无采用之理由。

至于利用银行信用，以达通货膨胀之目的，虽其最终效果无殊于政府自发纸币，然以其性质隐匿不彰，方式转折复杂，一般人民未必完全了解各种设施之意义，自发纸币情形之下之骤然恐慌，或不至发生。然利用银行信用，只是一原则。在原则之下，各种推行之途径，须视国内之情形。我国银行组织尚未严密，所有信用机构，以较诸金融制度发达之国家，尚在幼稚时代。故大体原则虽无出入，而小节细目之差异，亦尚为可注意者。

今假设国民政府，于非常时间，在短期内，需要5000万元款，以抵充费用不足之数，而税入增加，势不可能，投贷市场承受政府公债之能力，亦不可增加，于是政府不得不设法求助银行信用之扩充。换言之，则政府向银行借此5000万之款。然根据银行条例与习惯，银行对于政府不能供给如许巨量之无抵押借款，而政府此时所能提为抵押者，即为政府之市场不能收纳之库券、债票等等之政府信用证券。以此类正当投资市场不能吸纳之证券，作为银行借款之抵押，实即以政府之信用，换取银行之信用。然政府所付与银行之信用——库券、债券等——非直接购买力，而银行付与政府为交换之信用——存款或法币——为直接购买力。苟此项购买力代表社会储蓄已有之购买力，则此5000万元款，不过为社会已有购买力之转移。政府得此5000万元购买力，亦即社会其他部分失去此5000万元费用。购买力之转移，不可谓之为通货膨胀。然在非常时间，不但政府方面有种种不可或免之支出，即在人民方面，购买力之需求，亦不能骤减。况在上述正当投资市场不能收纳政府证券假定之下，所谓社会储蓄，亦既枯竭，此5000万元来源，恐非已有购买力之转移，而为新购买力之创造。在"他物如故"情形之下，新购买力之创造，即为通货膨胀者,至为明显。

因过去之习惯,与银行制度之集中化之尚未实现,中央三行地位之尚未确立,政府信用交换之对象,固不如外国政府之集中于中央三行,而可为任何银行。然无论途径若何,最终之负担,仍不能不由法币发行之银行负责。兹请以中央为对象。政府以抵押借款之方式,以国库债证券抵押于中央银行,以交换5000万元之信用,此为第一步。为简化讨论起见,假定政府于取得此项信用之后,以支票方式支付此5000万元,清还各种政府债务之用。而政府之各债权者,亦先将此支票存入各该有往来之普通银行。普通银行于得到此支票后,即送往中央银行入账。于是中央银行账上前此之5000万政府存款,随政府支票之支付而消失,而普通银行之存款,因各银行送来政府支票入账之行动而增5000万元,此为第二步。各普通银行对于此5000万元存款,是否保留现况,或陆续提回现款,则视各银行本身对外之需要,与其对于中央银行之态度。在银本位放弃之后,中央银行所发行之法币,即为现款。若各银行保留此5000万元存款,而不提现,则中行资产负债表负债项下增加了5000万元他银行存款。若各银行一致提现,则负债项下增加5000万元法币。此种差别,与法币发行限制有关,当于下文讨论。然若通货膨胀,系包括法币与信用二者,则自中央银行观点言,存款与法币之增加,不过为通货膨胀二种不同之形态,原则上固无差别也。自各银行方面言,现款既是法币,则除因日常所需外付现款外,在中央银行之存款,与在行内之法币,在原则上亦无复差异。只要是项存款能随时取现,则存款即是现款。存款既即是现款,则无论此5000万元之仍保留存款形态,或已变为各银行库存之法币,在业务方面,此5000万元皆可视为各银行新增之现款。换言之,则各银行之资产负债表存款项下,因政府各债权者存入支票,增加5000万元。同时现款项下,亦增加5000万元。截至此时,通货膨胀之程度,不过5000万元也。然根据银行习惯,存款无须百分准备，则以此5000万元之新现款，为5000万元新存款之准备，实嫌过多。即承认非常时期与通常时期不同，市面交换媒介数量之必须加多。然以至保守之估计，50％之存款准备，当为一般所认可。则此5000万元现款，至少可为1亿元信用之基础。除去已有之新存款5000万元外，各银行尚可扩充5000万元之信用。假设各银行果根据此50％之准备比例，则第三步之进展，可有下列不同之途径：（一）各银行借与主顾以5000万元，（二）各银行以准备余款2500万元以证券抵押方式借与政府。

第一种办法较为单纯，只要市面对于现币之需要，无骤然超出比例之增加，则此5000万元新信用之扩大，于银行业务及稳固当无妨害。若此新5000万元之用途为工商界，则此次政府5000万元之抵押借款之结果，为1亿元之通货膨胀，就中政府所得利用者只5000万元。若此5000万元之主顾，以此款购买政府公债，则膨胀之程度亦为1亿元，而政府利用其全数。

第二种之步骤较为繁复。银行以准备余款2500万购买政府证券，如是，则各银行之中行存款或现款减少者2500万，而公债存数增加2500万。政府复支付此新得之2500万元于政府之各种债权者，债权者复以之存入各银行，各银行复以之存入中央银行，于是各银行存中央银行之存款，复为5000万元，而政府债权者在各银行之存款，乃因之而增为7500万。然7500万之存款所须之准备，为3750万。则中行5000万之数，尚为太多。若各银行仍取购买政府公债之政策，则尚于5000万中再提1250万为购取债券之用。上述步骤将继续复演，直至各银行所买政府公债之数，等于5000万元为止。而最终之结果，亦为1亿元之通货膨胀。

五

上节讨论，以信用之扩充，为通货膨胀之标准，以银行存款项下数目之增加，为通货膨胀之形态。此种解释，用于信用银行制度发达之国家，固无不当。然以之状国内之情况，则稍有不大吻合之处。通都大埠，金融组织已趋现代化，支票支付之习已逐渐通行，通货膨胀之主要形态，固可断定其为银行各存户之存款。然除此之外，各地人民之习惯的变换媒介，仍为现款，而非信用，则上述之5000万政府抵押借款所造成之信用，将只有一部为存款，而其余则为法币。盖政府以证券抵押中央银行，所取得5000万元信用，未必皆可以支票方式支付。即以支票方式支付，受票者亦未必将之存入他银行，而不直接取现。再退一步言，即受票者暂将政府支票存入银行，然社会之一部分人民，既习惯于现款支付，则此项存款之一部，必须以现款之方式提回应用，而各银行于收入此项支票存款时，亦不能永以全数转存中央银行，而必提回若干法币，以为支付之用。此种步骤，虽即信用制度甚为发达之社会，亦未能全免，而在信用支付习惯未养成之社会，其程度较为深大。换言之，则因政府借款所产生之膨胀形态中法币之成分，将为一重要之元素，虽其与存款形态膨胀之实在比例不可究知也。

法币膨胀成分之增加，非只形态问题。通货膨胀之能否发生完全影响，亦不无为其所左右之可能。吾人于上文，假定市面法币之需要，并不随信用膨胀而增加。所以各银行，于收得政府债权者存入5000万元之政府支票后，其存款准备之数量，无论其为中央银行之存款，或为提回之法币，皆如数增加。根据此新准备，银行乃可以复增加望外放款之数。今若信用膨胀之一部分，需以法币之形态，流通于市面。则各银行之现款准备，是否可以如数增加，5000万元须视此新发行之法币，是否虽暂时流通市面，而终于流入于银行。若然，则其对于膨胀此后之趋向，当与上述者，无甚出入。苟其不然，则银行准备之增加，永不足5000万元之数，而银行所恃为增加信用基础之准备超余额，亦将比例减少。其综合之结果，即是此政府5000万元之信用并不能产生1亿元银行存款。换言之，则通货膨胀之程度，不如前例之烈也。

然法币之需要何以能增加，又何以久留市面而不终于流入银行乎？窃揣其主因有二：一为市面交换媒介数量之增加，一为人民储藏法币数量之增加。交换媒介需要增加之理至显。盖购买力增加之结果，必为物价高涨。物价高涨，则交换筹码之数量，自当然增加；平常交易，以法币为媒介者，自必需要较多之法币。此点至明。然苟非物价狂涨，则此项需求之增加，尚未足以滞留大量之法币。至若窖藏之增加，在国内现情之下，其影响似较为重大。多数国人，无利用银行之习惯，亦无利用银行之机会。储藏乃为普通保储购买力之惟一方法。在银币通用时间，当然以储藏银币为普通。银币既已不能通用，惟一代表购买力之法币，自然起而代之。故在信用制度极为发达情形之下，人民保储之购买力存于银行，在信用制度不发达情形之下，人民保储之购买力存于其所储藏之法币。上者银行可以利用为信用之基础，而后者则不可能。

复次，法币之一部，既已变为人民购买力保储之物品，则暂时无掺入市场竞争购买货物之事实。如此，则一部之新购买力，不但不能作银行新信用之基础，亦未能充分利用其购买力之机能，促成物价之高涨，而前例所举通货膨胀之影响，将因之而更杀。虽然，此种情形，必假定人民对于法币尚有相当之信任，物价之渐涨，尚无引起骤然恐慌之理由。一旦此假定情形消失，则向之沉寂不动之保储购买力，将一致复活，一变而为现在之购买力。物价将因此额外购买力之骤然增加，而狂涨。于是通货膨胀之影响，乃骤然深刻。故国内信用制度之不发达，法币流通比例之较大，皆使国内经济机构对于通货膨胀之反感，较为迟钝，膨胀之影响，至少在政策推行之初期，或可因现币习惯之需要，而不致充分表露。然若膨胀政策无法阻止，人民对于法币之信用丧失，则恐慌之发生，与膨胀之结果，将加速发现，而对于国计民生之影响，将不因之而殊也。

通货膨胀既包括信用与纸币增加二项，而在信用制度未发达之国家，纸币增加之比例，亦复甚高，然则关乎此节，我国之情形如何？1924年11月4日之法令，确定中央、中国、交通银行三行之钞票为法币，其他银行只有发行权者。仍暂准其予二年内维持原额，且不认为法币。如此，法币膨胀之一部，舍中央三行莫属。查纸币条例，纸币发行之准备规定，为发行额60%之现金，40%之证券。11月4日之法令，虽实为银本位之放弃而独予60%现金准备金，尚复保留。故在法律上，法币之增加，必有60%之现金为基础。集中现金法令，虽已行之数月，而集中之数，并不如期望之大，则此现金准备之条款，实为纸币膨胀之限制。解除此限制之可能途径，为1. 取消60%现金准备之条文。2. 条文之暂不适用，或变为具文。3. 借外资，以外资代现金。无论采取之途径若何，其结果则初无二致。

六

通货膨胀之性质，为讨论其与岁计之关系，所应考虑之点。昔时财政学家尝谓通货膨胀之收入，为强迫公债收入。以步骤与机构论，通货膨胀实有与公债相类之处。盖公债为政府之"支付允许"（Promise to pay）。通货膨胀之方式，无论其为直接纸币发行，或为银行之抵押借款，其所发之政府纸币，与抵押之证券，皆为政府之"支付允许"。此则发之手续，有类于公债者。且一般观念，莫不以膨胀为非常时期之暂时办法。一旦通常时期恢复，则不但此非常之办法不复继续，即过去之情形，亦必逐渐复常，政府所发行之"支付允许"，必须逐渐清付，货币原有之地位亦将因之恢复。膨胀之反面为紧缩，紧缩即为还债之步骤。故以岁计之观点论，固可视之为公债之一种也。

然细究其实，通货膨胀与公债二者之性质，实不相同。公债之发行，为政府与人民信用之交换。人民以其现有之购买力与政府，以换得政府之将来购买力之"支付允许"。公债到期，购买公债者以债权者之资格，向政府请求清偿。在"他物如故"假定之下，购买公债者，固无任何之损失。苟公债购买者，等公债到期前需用此款，则可以之出售。其所售得之款，即为恢复其前此购债时，所放弃之购买力。换言之，则购债者，可以直接或间接的，以债权者之地位，取偿于政府也。通货膨胀则不然。人民因膨胀之影响，消失其购买力之一部。政府所得之新购买力，即由削夺此一部人民购买力而来。然政府与消失购买力之人民之间，并无任何信用之交换。消失购买力之人民既无债务证据，亦不能以债权者资格，于将来时间，向政府请求补偿现在所受之损失。虽然假定将来政府采取通货紧缩政策，因以提高货币之购买力，吾人设想中之购买力丧失者，或可因之得利，然非必然之结果。且其得利之理由，绝非以政府债权之地位，而其得利之大小，绝非与其在膨胀时所丧失购买力之大小为比例，盖其本身经济状况之如何，实为其得利与否之条件也。执此说，则通货膨胀，不应比拟于公债者甚明。

通货膨胀性质之另一解释为赋税。此种论断，似较为充分。通货膨胀之结果，为物价涨高。反言之，即币价之缩小。币价缩小，则人民以原有之通货购换较少之货物，则无异于人民原有购买力之一部为政府所削取。购买力之所有权，为财产权之一种。被削取者，既无权利请求政府偿还，则政府之举动，实同于没收被削取者一部分之财产或财产权。就法律上之关系论，赋税亦不过政府没收人民财产权之方式，则通货膨胀，与赋税之基本性质固相同也。

通货膨胀既为变相之赋税，则被税之对象，果为何物？被税之对象，概括言之有二：（一）所得。（二）数量固定之货币或货币权储蓄。所谓所得，自是指货币所得而言。通货膨胀，物价增高，一切所得中之货币单位之价值，随膨胀之程度比例减少。然膨胀之时，前此之所得已有一部变为储蓄。储蓄之形态，可简分为（甲）货币，如窖藏之现币。（乙）货币权，如银行之存款。（丙）投资。投资又可分为实产与债权。实产投资，如购买有形之动产或不动产，股票等；债权投资，如公私债票，及一切之债务放款等。货币，货币权，乃债权投资三项，所受通货膨胀之影响，与所得无殊，而实产投资，独可幸免。盖虽其价值中之币价，受相当之减削，然产业本身之总值，将随一般物价之高涨而增高。二相抵消，税之负担可以避免。

以此变相之赋税，代替通常之赋税，其优劣奚若乎？兹既编注通货膨胀与岁计之关系，则只可就岁计之视点，论其在公家财政上之优劣；其社会经济上他方面之影响，当不置论。以通货膨胀作税，其优点约为：（一）可于短期内征取大量之收入。（二）至少在其初期，收入之生产力强大。（三）因收入之征取，非如通常税之现形，而为掩盖的，人民之反感，较为迟钝。然上述之优点，皆属于行政方面。若以一般赋税最高原则为准绳，则恐利不偿弊也。

赋税最高之原则为负担公平。通货膨胀之影响，显然违背此理。通货膨胀加税之对象为所得与储蓄。然所得者与储蓄者之所得与储蓄之数量，有随通货膨胀币价之下跌而增加者，有固定不变者。前者如工商家之所得，因货物高价，获利倍厚。后者如官吏之俸给，公私债之利息，皆于短期内固定不变。是则等于前者不纳税，而后者纳税。以能力论，后者若应纳税，前者固无免税之理。再退一步言，只就被税者论，则通货膨胀为一普遍的比例税。普遍云者，凡有所得或定额之储蓄，无论其所得储蓄之大小，经济之状况如何，皆须纳税，且所纳之税,与其所得或储蓄成为正比例。夫累进税率,在今日财政学中已为公认较为公平之税率,而小所得阶级之应有免税或减税之待遇,亦为通行之原则,则只就被税之范围论,其分配亦显为不均。

不但此也,在此税制之下,政府实得之收入,不过为被牺牲人民所丧失购买力之一部,其他一部则为社会上另一部分之幸运者所拾得。兹举例以说明,设甲在膨胀之前,以1万元贷乙。乙为工业者,以1万元为生产资本,而产生若干之货品。丙为消费者。再假定生产与消费之均衡继续保持。乙之货物可得1万元(为简单讨论起见,乙之余利,甲之利息暂不计算。)之货价。乙卖货得价后,将此1万元偿甲。购买力既不生任何之变动,甲固无损失也。今若政府于甲乙债务未了时,膨胀通货,以此凭空构造之购买力,与已有之购买力相竞,则物价将因之提高。为方便计,假定新购买力之增加,适于旧购买力之一倍,物价遂亦比例增高。乙之货物向之售价1万元者,今因政府新购买力之竞争,变为2万元。丙向之以1万元购得乙货之全部,今只能得其半。换言之,则此1万元之购买力,已跌为5000元,其他5000元购买力,已转移于政府。丙购买力之丧失,即为政府之实得。乙于售货得价2万元,以1万元还甲,而剩留1万之余数。然币价之贬跌既为普通的,则甲所收回1万元之实际价值,只等于5000元,而其他5000元购买力,则为乙所保留,而非政府之所有。故在甲则丧失5000元之购买力,而在政府则未尝得此5000元之实惠。若政府赋税之政策,应以"减少人民之所出,超过国库之所入者,于最小程度"为原则,则上述情形固未容漠视也。

七

再就岁计本身讨论。通货膨胀只就其直接影响而言,固可比拟于赋税,为增加岁计中收入项下之一种办法。然通货膨胀同时破坏社会经济之均衡,提高物品之价格。政府大部分之收入为间接收入,政府之支出亦不过为一种之消费,则社会经济均衡之破坏,与物价之提高,将复反应于政府之岁计。此节影响虽较为暗蔽,而实为重要。盖通货膨胀与岁计全部之关系,与最后之结果,莫不于是觇之也。

为适应兹者讨论之需要,政府收入之大部分,可简分之为契约收入,与赋税收入。上者为邮政、电政、航业、铁道,等等工商之收入。后者则为盐税、关税、统税,等等之税收。以性质论,契约收入为物价之一种。根据通货数量与物价关系之原则,则此项物价所受通货膨胀之影响,当亦不异其他之物价。若其然也,政府契约收入,必随通货膨胀之程度比较增加。于是以货币数量言,政府收入将随通货膨胀而增加。而以实际购买力论,政府此项之收入,将无增减。盖其增价之所得,适足以偿补币值跌落之所失也。然上述之结果,系根据一抽象之"货币数量"学说,假定币量之增加,与物价之增涨,为立时的,且为完全的。实际上,则此项假定与现实情况之不适合,殆不可免。而政府此项收入之状况,恐不能如理论推测之所预期。盖一般物价对于通货膨胀反应之迅缓,未必为机械的。不同时期与不同之心理,尽可推进或渐缓此反应之速率。此节当于下文再论。即承认此反应至为迅速,一般物价增高之趋势至为明显,然政府官营事业之物价,是否能与一般物价——私营事业之一般物价——同其步骤,大为可疑。物价因通货膨胀而提高,固为公认之趋势。然二者之关系,非如水涨船高之为直接的自动之结果。通货膨胀影响之及于物价,在于增强需求方面之力量。假定物品之供给不变,供求均衡之变化,乃造成一新高价。故此新价之造成,赖乎供求二方面力量之充分发展。就供方面言,官营事业物役之卖主为政府,则新市价之造成,一半须视政府是否充分利用其供给者地位之优势。而政府之愿否充分利用其供给者之优势,以提高其所供给物役之代价,则视政府对于通货膨胀结果之希望，与对于社会一般人民反应之考虑，而异其步趋。以普通情形论，政府因岁计上不得已之需要，采取通货膨胀者，无不极力求避免引起一般人民之疑惧与恐慌。虽明知通货膨胀后，物价渐涨之不可或免，而在可能范围之内，仍望努力维持通货之信用，至少不使其因人民之疑惧，而造成信用与金融之恐慌。政府之态度果如上述，则吾人尽可想象于通货膨胀后，政府公营事业物役之价格，不但不能迅速随膨胀之程度而比例增高，且其增高之程度，将永落于一般物价之后。则就供方面言，政府或未能充分利用其供者优越之地位，以提高物价也。再论求一方面，通货膨胀固为购买力增强之象。然对于政府自营事业物力之需求，除政府本身外，一般人民之力量，果能迅速的比例的增加乎？是未必然。政府公营事业大部分为公用事业。公用事业所产生之物役，虽为进化社会所不可少。然以较诸衣食等生活所不可或缺之物品，则其伸缩性大不相同。吾人研究通货膨胀与物价之关系，发现各种物价对于膨胀之反应，有缓速之不同，而工资一向落一般物品价格之后。在膨胀过程中，货价导涨于前，工资竭蹶于后，一般人民之消费——购买力——分配，不能不重新划定。划定之结果，自是多牺牲与生括较浅之享用，而少牺牲生活所必需之消费。今日政府公用事业之产品，既非生活不可少者，则牺牲之程度自必较大。则就求一方面言，求者之力量，亦未能充分利用，以推高此项之物价。如是，则在膨胀过程中，政府之契约收入，在数字上，虽稍有增加而以购买力言，其增加之程度，不足以抵偿币价下跌之损失。则实际上，不但无增加，且有减少者矣。

赋税之部所受之影响又复不同。中央政府之收入，几乎全部以货物为对象之间接税。则岁计中赋税收入之部所受之影响，胥视在币价涨物价跌过程之中，政府此项收入之数字，与实际购买力，在税率不变情形之下之变动。货物税可简分为二：（一）关税。（二）国内货物税。二者因制度之差异，对于通货膨胀反应之缓速，乃亦不同。

关税之反应至为迅速，而国内货物税之反应为较缓。只就岁计观点论，关税固胜于后者也。

关税反应迅速之原因，为海关金单位制度。海关金单位为抽象的金货币单位。其折合国币之价格，在理论上，以国币与金之交换率为标准。而实际上，则以国币对外币之汇兑率为标准。金单位之关税，实则一根据外币价征收之税。金单位制度之所以为关税反应迅速之原因者，以（一）汇兑率对于通货膨胀币价变动之感应性最为敏捷。（二）税量以金单位计，而金单位之折算以汇率为根据也。各种物价对于通货膨胀之反应，有程度缓速之不同，上文已有略述。汇价为二种货币价值之比率，宜其变动在货币之国内价值已经变动之后。然事实上，汇价感应性之特敏，为前此通货膨胀经验所不能否认之现象。此固非谓通货一经膨胀，汇价立即变动。然其变动在一般物价之前，则无疑义。汇价为最先受通货膨胀之影响，然若关税仍以国币征纳，则税收之数字虽未必减少，而实际之购买力将随币价之下跌而紧缩。金单位制之采取，即为补救此弊。虽当其采取之时，所针对之困难，为外币之涨价，而兹者所讨论之局面，为国币之跌价。然其为增益税收之办法，实则相同也。故在现行海关金单位制度之下，假定入口货量不减岁计中关税一项之收入，可不至因通货膨胀而发生不良之影响。盖关税税收以金单位计，数目将复相同，以国币计，则数目将比例汇价下跌而增高，而购买力将复相同。

国内货物税有从价从量二种。从价者，税率以物价为比例，从量者税率以物之数量为标准。因有此二不同之税制，税收受通货膨胀之影响，亦复不同。从价税收入之大小，视物价之高低。物价高涨，则税率不增，而税收增加。此则近似于金单位税收之随汇价而上涨。从量之税则不然。税率既以货物数量为标准，则货物价格之高涨，不能影响及于税收。物价涨后，此项税收货币之数字，尽可不变，而其实际上之购买力，已受局部之损失矣。我国之国外之消费税，如盐税、统税（卷烟统税除外）、烟酒等税大率为从量税。通货膨胀后苟不增加税率，则此项税收之实际收入，将较减少矣。

以上讨论，尚是假定物价之增高，与一般人民进款之增加。维持密切之关系，人民之消费量不因物价增高而减少。然根据过去之经验，二者变更程度之缓速，并不相同。人民进款中之定额收入，如工资、薪俸、租金，等等之变更，每落于物价之后。如此则一般人民之消费量，至少在膨胀影响之进展时期，瞠乎物价之后，实际之税收将更因之而减少。虽此一部消费量之减少，或可由政府消费力之增加，予以取偿。然因政府消费增加而增裕之税收，实际不过以出之国库者，重入于国库，与税收实量固无关系也。

总而言之，在岁计中之收入。除因膨胀所造成之新购买力为新增加收入外，其旧有收入所受之影响，对于在现制之下通货膨胀，未容乐观。契约收入之部，因政府之种种顾虑，与人民消费力分配之重新划定，恐不能紧随物价高涨，而比例提高。关税之部分因采行海关金单位制，或可与物价同其增加，以维持其原有之购买力之数量。而一般人民之消费力是否可不因固定收入增加率之落后而紧缩，以影响及于人口之数量，尚为一疑问。至国内消费税，既大部分为从量税，则税率未变之前，即税收之货币数字，尚不易增加，税收实际购买力之数量，更必减缩矣。

八

今再进而论支出。物价制裁，虽尝为经济状况剧变时期盛唱之口号。然制裁之能力，只能限于超常之投机垄断，而不能阻止自然趋势之倾向。故政府之消费（政府债务支出之负担亦如一般债务因膨胀而轻减，与上文变相赋税节所论相同，此不再及。），在大体上，实无异于一般消费者之消费。其幸运亦胥视市价高低为转移。通货量增加，则通货值下跌，为一自然之理。单纯之"货币数量学说"辄假定（一）二者之变动为比例的。（二）物价对于通货膨胀之反感若影随形之为紧速的。此二假定果而与事实相合，则政府之消费地位，亦甚为单纯。政府原有之消费力，将随币价跌落而比例减缩，而消费力之总量，将随通货膨胀之程度而比例增加。然实际上，此二假定与事实未必吻合。物价追随膨胀而增高，虽为一自然之趋势，然此自然趋势之完全见效，须经过一相当时期。时期之长短，固不能臆定，而其不能一蹴即致则无疑也。不但如此，物价之变动与通货膨胀之比例，尽可于某种情形之下，超过于相同之比较。例如有时通货币量之增加为50％，物价之增加虽终以50％为鹄，而可于长时间盘延乎50之下。有时，则货币量之增加，虽仅为50％，而物价之高涨，乃超过于50％。在此不同情形之下，政府支出消费力之损益，乃与通货膨胀之程度大有径庭也。

以通货膨胀与其影响之常态论，通货膨胀为因，（岁计之不均又为因中之因）物价涨高为果。因果先后之序，固不致紊乱，而后者变动之程度，亦复为前者之所限。在膨胀之初期，人民对于货币政策之变动，尚不甚明了，对于政府信用，尚复十分信任，上文所述储藏通货之力量，颇足以展缓币价下跌币价上升之倾向。如是，则币量之增加，总是前导，物价之上涨，总是后随。而在相当期间，物价上涨之程度，尚不能追上币量之增加。在此期间，政府之消费力，将因此差落之状态，而得例外之利益。盖物价之比例高涨，在于政府与人民二者能充分利用其所有之购买力，以竞买市场所能供给之货物。苟人民方面，因种种之理由，不能充分利用其所有之购买力，则市场中需求方面之竞争力较弱，实际之物价遂不能提高至于新均衡之程度，而政府支出所得之消费品，遂较在理想均衡物价之下为多矣。

然物价对于通货膨胀之反应，可于特殊情形之下，大异于常态。如果人民对于政府政策发生疑惧，眼看所得货币之价值，逐日跌落，则储财于货之心理，将使一般人民充分利用其一切之购买力，以换取实货。通货之流通率骤然增加，需求之竞争将急趋剧烈，而物价之高涨将超通货膨胀之程度。在此时期，上述之因果次序，将为颠倒。物价之高涨，将一变而为原动力。因物价之高涨，一般交换媒介之需要增加。而在政府方面，岁计之均衡，乃为此物价反动所打破。于是为供给一般交换媒介之需要，与补充岁计之新不足，通货之再度膨胀，或为此一政策之结果。若前述之心理与情况依然存在，则此之再度膨胀，将再度提高物价，此再度物价之提高，将复超过膨胀数量之比例，而反应于岁计平衡，与通货之需要。似此，则通货膨胀将不为物价之主因，而为物价增高之结果，永远追逐于其后。政府本以平衡岁计，而采用通货膨胀政策，今乃因采用政策之反响，而反致岁计于不均。事实上，在无限通货膨胀之末期，政府逐渐失其控制之能力，其结果鲜不如上述者。战后德奥中欧诸国之经验其明证也。

九

然物价急涨之超过通货膨胀之程度，与其反果为因之情况，是否为通货膨胀过程中所必有之结果？此则视通货膨胀之为一暂时均衡岁计之办法，或为继续补助税收之财源。苟为后者，则膨胀率之为逐渐的，或为急骤的，实为一主要之关键。

无论政府因弥补非常之支出，或其他之原因，采取通货膨胀之办法，若其目的在救一时之急，于一度膨胀之后，即支出方面不能核减，亦决于税债二途讲求开源之道，不因膨胀之阻力最少，以之为长期理财之策，则人民对于通货价值之将来，不至完全失其信任，以引起金融与货币的恐慌。而通货膨胀与物价之关系，可维持上述之常态。虽绳以赋税之原则，其显然不公之处，实不可法，然只就岁计上，急应非常支出之观点而论，其为增加政府购买力之迅速办法，实无可疑。

不幸非常支出之时间，未必短促，而通货膨胀之诱力至强。若政府采取此种政策之后，养成依赖之习惯，则继续膨胀辄不可或免。然若膨胀之速率尚不急骤，人民对于货币之恐慌尚未造成，则物价与膨胀之常态关系仍可维持，控制膨胀之权仍操于政府。在此情况之下，苟一旦政府以膨胀为非计，决然放弃膨胀政策，而代以其他开源之法，或非常支出已可减少，岁计收支可设法使其恢复常态，则政府可迅速停止通货之继续增加，而不至感何不便。然若通货膨胀不但继续推行，且膨胀之速率极为急骤，则物价之骤增将迅生反动，以造成金融货币之恐慌，物价与通货之关系遂颠倒反常，通货后此之膨胀，乃一变而为适应已增物价之需要。如此则通货膨胀之控制权已完全消失矣，政府之地位已由主动一变而为被动。苟无外力之辅助，通货膨胀与物价之增高，将有江河日下之势，而政府岁计不至全盘崩溃者不止矣。

十

综合言之，通货膨胀虽可有各种之原因，而实以岁计均衡之破坏为最要。以性质论，通货膨胀为一种变形之赋税，而税负分配之不均，实为其大病。然以之为一种实际财政策略，不但财政力薄弱政府，不能不加以利用，即财力强盛之政府，恐亦未能完全抗御其强烈之诱力。盖其能以迅速之手段，于不知不觉之中，征收人民大量之资财，以裕国用，为任何税债所不及。吾人或可承认，在非常局面急剧骤变之时，政府必须于短促期间，增加收入，以适应此骤然增加之巨量支出，通货膨胀恐难或免。然在此初期之后，政府必须于岁计收支之他部分，讲求其所以开源节流之道，停止或绝对限制通货膨胀之继续推行。否则事势推移，政府一失其控御之能力，不但养成尾大不掉之局面，而反动之势力，且将反致岁计均衡于溃裂也。

什么是儒家

——中国士大夫研究之一

闻一多

闻一多（1899～1946），原名亦多，字友三，后改名多，又改名一多，湖北浠水县人。中国现代伟大的爱国主义者，中国民主同盟早期领导人，著名诗人、学者，民主战士。1912年考入清华大学，1922年赴美留学，1925年回国，在北京艺术专科学校任教。1928年秋任国立武汉大学文学院院长兼中文系主任。1930年秋任青岛大学文学院院长兼国文系主任。1932年任清华大学中国文学系教授。主要著作有：《红烛》、《死水》、《神话与诗》、《唐诗杂论》、《古典新义》、《楚辞校补》、《闻一多全集》等。

"无论在任何国家，"伊里奇在他的《国家论》里说，"数千年间全人类社会的发展，把这发展的一般的合法则性，规则性，继起性，这样的指示给我们了：即是，最初是无阶级社会——贵族不存在的太古的，家长制的，原始的社会；其次是以奴隶制为基础的社会，奴隶占有者的社会。……奴隶占有者和奴隶是最初的阶级分裂。前一集团不仅占有生产手段——土地，工具（虽然工具在那时是幼稚的），而且还占有了人类。这一集团称为奴隶占有者，而提供劳动于他人的那些劳苦的人们便称为奴隶。"中国社会自文明初发出曙光，即约当商盘庚时起，便进入了奴隶制度的阶段，这个制度渐次发展，在西周达到它的全盛期，到春秋中叶便成强弩之末了，所以我们可以概括的说，从盘庚到孔子，是我们历史上的奴隶社会期。但就在孔子面前，历史已经在剧烈的变革着，转向到另一个时代，孔子一派人大声疾呼，企图阻止这一变革，然而无效。历史仍旧进行着，直到秦汉统一，变革的过程完毕了，这才需要暂时休息一下。趁着这个当儿，孔子的后学们，董仲舒为代表，便将孔子的理想，略加修正，居然给实现了。在长时期变革过程的疲惫后，这是一帖理想的安眠药，因为这安眠药的魔力，中国社会便一觉睡了两千年，直到孙中山先生才醒转一次。孔子的理想既是恢复奴隶社会的秩序，而董仲舒是将这理想略加修正后，正式实现了。那么，中国社会，从董仲舒到孙中山先生这段悠长的期间，便无妨称为一个变相的奴隶社会。

董仲舒的安眠药何以有这大的魔力呢？要回答这问题，还得从头说起。相传殷周的兴亡是仁暴之差的结果，这所谓仁与暴分明代表着两种不同的奴隶管理政策。大概殷人对于奴隶榨取过度，以至奴隶们"离心离德"而造成"前途倒戈"的后果，反之，周人的榨取比较温和，所以能一方面赢得自己奴隶的"同心同德"，一方面又能给太公以施行"阴谋"的机会，教对方的奴隶叛变他们自己的主人。仁与暴漂亮的名词，实际只是管理奴隶的方法有的高明点，有的笨点罢了。周人还有个高明的地方，那便是让胜国的贵族管理胜国的奴隶。《左传》定四年说"周公相王室，分鲁公以……殷民六族……使帅其宗氏，辑其分族，将其类丑：使之职事于鲁，……分之土田陪敦（附庸，即仆庸），祝宗卜史，备物典策，官司彝器……分康叔以……殷民七族。……"这些殷民六族与七族便是向胜国投降的贵族，那些"备物典策，官司彝器"的"祝宗卜史"便是后来所谓"儒"——寄食于贵族的知识分子。让贵族和知识分子分掌政教，共同管理自己的奴隶"附庸"，这对奴隶们和奴隶占有者"周人"双方都有利的，因为以居间的方式他们可以缓和主奴间的矛盾，他们实在做了当时社会机构中的一种缓冲阶层。后来胜国贵族们渐趋没落，而儒士们因有特殊知识和技能，日渐发展成一种宗教文化的行帮企业，兼理着下级行政干部的事务，于是缓冲阶层便为儒士们所独占了。当然也有一部分没落胜国贵族，改业为儒，加入行帮的。

明白这种历史背景，我们就可以明白儒家的中心思想。因为儒家是一个居于矛盾的两极之间的缓冲阶层的后备军，所以他们最忌矛盾的统一，矛盾统一了，没有主奴之分，便没有缓冲阶层存在的余地。他们也不能偏袒某一方面，偏袒了一方，使一方太强，有压倒对方的能力，缓冲者也无事可做。所谓"君子和而不同"，便是要使上下在势均力敌的局面中和平相处，而切忌"同"于某一方面，以致动摇均势，因为动摇了均势，便动摇自己的地位啊！儒家之所以不能不讲中庸之道，正因他是站在中间的一种人。中庸之道，对上说，爱惜奴隶，便是爱惜自己的生产工具，也便是爱惜自己，所以是有利的，对下说，反正奴隶是做定了，苦也就吃定，只要能吃点苦就是幸福，所以也是有利的。然而中庸之道，最有利的，恐怕还是那站在中间，两边玩弄，两边镇压，两边劝谕，做人又做鬼的人吧！孔子之所以宪章文武，尤其梦想周公，无非是初期统治阶级的奴隶管理政策，符合了缓冲阶层的利益，所谓道统者还是有其社会经济意义的。

可是切莫误会，中庸决不是公平。公平是从是非观点出发的，而中庸只是在利害中打算盘。主奴之间还讲什么是非呢？如果是要追究是非，势必牵涉到奴隶制度的本身，如果这制度本身发生了问题，那里还有什么缓冲阶层呢？显然的，是非问题是和儒家的社会地位根本相抵触的。他只能一面主张"成事不说，遂事不谏，既往不咎"，一面用正名（君君臣臣，父父子子）的理论，维持现有的秩序（既成事实），然后再苦口婆心的劝两面息事宁人，马马虎虎，得过且过。我疑心"中庸"之庸字也就是"附庸"之庸字，换言之，"中庸"便是中层或中间之佣。自身既也是一种佣役（奴隶），天下那有奴隶支配主人的道理，所以缓冲阶层的真正任务，也不过是恳求主子刀下留情，劝令奴才忍重负辱，"执中无权，犹执一也"，天秤上的码子老是向重的一头移动着，其结果，"中庸"恰恰是"不中庸"。可不是吗？"爵禄可辞也，白刃可蹈也，中庸不可能也！"果然你辞了爵禄，蹈了白刃，那于主人更方便，（因为把劝架人解决了，奴才失去了掩蔽，主人可以更自由的下毒手，）何况爵禄并不容易辞，白刃更不容易蹈呢？实际上缓冲阶层还是做了帮凶，"季氏富于周公，而求也为之聚敛而附益之"，冉求的作风实在是缓冲阶层的惟一出路。孔子喝令"小子鸣鼓而攻之！"是冤枉了冉求，因为孔子自己也是"三月无君则皇皇如也"的，冉求又怎能饿着肚子不吃饭呢！

但是，有了一个建筑在奴隶生产关系上的社会，季氏便必然要富于周公，冉求也必然要为之聚敛，这是历史发展的一定的法则。这法则的意义是什么呢？恰恰是奴隶社会的发展促成了奴隶社会的崩溃。缓冲阶层既依存于奴隶社会，那么冉求之辈的替主人聚敛，也就等于替缓冲阶层自掘坟墓。所以毕竟是孔子有远见，"留得青山在，不怕没柴烧"，冉求是自己给自己毁坏青山啊！然而即令是孔子的远见也没有挽回历史。这是命运的悲剧，做了缓冲阶层，其势不能不帮助上头聚敛，不聚敛，阶层的地位便无法保持，但是聚敛得来使整个奴隶社会的机构都要垮台，还谈得到什么缓冲阶层呢？所以孔子的呼吁如果有效，青山不过是晚坏一天，自己便多烧一天的柴，如果无效，青山便坏得更早点，自己烧柴的日子也就有限了，孔子的见地还是远点，但比起冉求，也不过是"以五十步笑百步"而已。结果，历史大概是沿着冉求的路线走的，连比较远见的路线都不曾蒙它采纳，于是春秋便以高速度的发展转入了战国，儒家的理想，非等到董仲舒不能死灰复燃的。

话又说回来了，儒家思想虽然必需等到另一时代，客观条件成熟，才能复活，但它本身也得有其可能复活的主观条件，才能真正复活，否则便有千百个董仲舒，恐怕也是枉然。儒家思想，正如上文所说，是奴隶社会的产物，而它本身又是拥护奴隶社会的。我们都知道，奴隶社会是历史必须经过的阶段，它本身是社会进步的果，也是促使社会进步的因。既然必须经过，当然最好是能过得平稳点，舒服点。文、武、周公所安排的，孔子所发表的奴隶社会，因为有了那样缓和的榨取政策，和为执行这政策而设的缓冲阶层，它确乎是一比较舒服的社会，因为舒服，所以自从董仲舒把它恢复了，二千年的历史在它的怀抱中睡着了。

诚然，董仲舒的儒家不是孔子的儒家，而董仲舒以后的儒家也不是董仲舒的儒家，但其为儒家则一，换言之，他们的中心思想是一贯的。二千年来士大夫没有不读儒家经典的，在思想上，他们多多少少都是儒家，因此，我们了解了儒家，便了解了中国士大夫的意义观念。如上文所说，儒家思想是奴隶社会的产物，然则中国士大夫的意识观念是什么，也就值得深长思之了！

关于儒·道·土匪

闻一多

医生临症，常常有个观望期间，不到病势相当沉重，病象充分发作时，正式与有效的诊断似乎是不可能的。而且，在病人方面，往往愈是痼疾，愈要讳疾忌医，因此恐怕非等到病势沉重，病象发作，使他讳无可讳，忌无可忌时，他也不肯接受诊断。

事到如今，我想即使是最冥顽的讳疾忌医派，如钱穆教授之流，也不能不承认中国是生着病，而且病势的严重，病象的昭著，也许赛过了任何历史记录。惟其如此，为医生们下诊断，今天才是最成熟的时机。

向来是"旁观者清"，无怪乎这回最卓越的断案来自一位英国人。这是韦尔斯先生观察所得：

"在大部分中国人的灵魂里，斗争着一个儒家，一个道家，一个土匪。"（《人类的命运》）

为了他的诊断的正确性，我们不但钦佩这位将近八十高龄的医生，而且感激他，感激他给我们查出了病源，也给我们至少保证了半个得救的希望，因为有了正确的诊断，才谈得到适当的治疗。

但我们对韦尔斯先生的拥护，不是完全没有保留的，我认为假如将"儒家，道家，土匪"，改为"儒家，道家，墨家"，或"偷儿，骗子，土匪"，这不但没有损害韦氏的原意，而且也许加强了它，因为这样说话，可以使那些比韦氏更熟悉中国历史和文化的人，感着更顺理成章点，因此也更乐于接受点。

先讲偷儿和土匪,这两种人作风的不同,只在前者是巧取,后者是豪夺罢了。"巧取豪夺"这成语,不正好用韩非的名言"儒以文乱法,侠以武犯禁"来说明吗?而所谓侠者不又是堕落了的墨家吗?至于以"骗子"代表道家,起初我颇怀疑那徽号的适当性,但终于还是用了它。"无为而无不为"也就等于说:无所不取,无所不夺。而看去又像是一无所取,一无所夺,这不是骗子是什么?偷儿,骗子,土匪是代表三种不同行为的人物,儒家,道家,墨家是代表三种不同的行为理论的人物;尽管行为产生了理论,理论又产生了行为,如同鸡生蛋,蛋生鸡一样,但你既不能说鸡就是蛋,你也就不能将理论与行为混为一谈。所以韦尔斯先生叫儒家,道家和土匪站作一排,究竟是犯了混淆范畴的逻辑错误。这一点表过以后,韦尔斯先生的观察,在基本意义上,仍不失为真知灼见。

就历史发展的次序说,是儒,墨,道。要明白儒、墨、道之所以成为中国文化的病,我们得从三派思想如何产生讲起。

由于封建社会是人类物质文明成熟到某种阶段的结果,而它自身又确实能维持相当安定的秩序,我们的文化便靠那种安定而得到迅速的进步,而思想也便开始产生了。但封建社会的组织本是家庭的扩大,而封建社会的秩序是那家庭中父权式的以上临下的强制性的秩序,它的基本原则至多也只是强权第一,公理第二。当然秩序是生活必要的条件,即便是强权的秩序,也比没有秩序好。尤其对于把握强权,制定秩序的上层阶级,那种秩序更是绝对的家宝。儒家思想便是以上层阶级的立场所给予那种秩序的理论的根据。然而父权下的强制性的秩序,毕竟有几分不自然,不自然的便不免虚伪,虚伪的秩序终久必会露出破绽来,墨家有见于此,想以慈母精神代替严父精神来维持秩序,无奈秩序已经动摇后,严父若不能维持,慈母更不能维持。儿子大了,父亲管不了,母亲更管不了,所以墨家之归于失败,是势所必然的。

墨家失败了，一气愤，自由行动起来，产生所谓游侠了，于是秩序便愈加解体了。秩序解体以后，有的分子根本怀疑家庭存在的必要，甚至咒诅家庭组织的本身，于是独自逃掉了，这种分子便是道家。

一个家庭的黄金时代，是在夫妇结婚不久以后，有了数目不太多的子女，而子女又都在未成年的期间。这时父亲如果能够保持着相当丰裕的收入，家中当然充满一片天伦之乐，即令不然，儿女人数不多，只要分配得平均，也还可以过得相当快乐，万一分配不太平均，反正儿女还小，也不至闹出大乱子来。但事实是一个庞大的家庭，儿女太多，又都成年了，利害互相冲突，加之分配本来就不平均，父亲年老力衰，甚至已经死了，家务由不很持平的大哥主持，其结果不会好，是可想而知了，儒家劝大哥一面用父亲在天之灵的大帽子实行高压政策，一面叫大家以黄金时代的回忆来策励各人的良心，说是那样，当年的秩序和秩序中的天伦之乐，自然会恢复。他不晓得当年的秩序，本就是一个暂时的假秩序，当时的相安无事，是沾了当时那特殊情形的光，于今情形变了，自然会露出马脚来。墨家的母性的慈爱精神不足以解决问题，原因也只在儿女大了，实际的利害冲突，不能专凭感情来解决，这一层前面已经提到。在这一点上，墨家犯的错误，和儒家一样，不过墨家确实感觉到了那秩序中分配不平均的基本症结，这一点就是他后来走向自由行动的路的心理基础。墨家本意是要实现一个以平均为原则的秩序，结果走向自由行动的路，是破坏秩序。只看见破坏旧秩序，而没有看见建设新秩序的具体办法，这是人们所痛恶的，因为，正如前面所说的，秩序是生活的必要条件。尤其是中国人的心理，即令是不公平的秩序，也比完全没有秩序强。

这里我们看出了墨家之所以失败，正是儒家之所以成功。至于道家因根本否认秩序而逃掉，这对于儒家，倒因为减少了一个掣肘的而更觉方便，所以道家的遁世实际是帮助了儒家的成功。因为道家消极的帮了儒家的忙，所以儒家之反对道家，只是口头的，表面的，不像他对于墨家那样的真心的深恶痛绝。因为儒家的得势，和他对于墨道两家态度的不同，所以在上层阶级的士大夫中，道家还能存在，而墨家却绝对不能存在。墨家不能存在于士大夫中，便一变为游侠，再变为土匪，愈沉愈下了。

捣乱分子墨家被打下去了，上面只剩了儒与道，他们本来不是绝对不相容的，现在更可以合作了。合作的方案很简单。这里恕我曲解一句古书，《易经》说"肥遁，无不利"，我们不妨读肥为本字。而把"肥遁"解为肥了之后再遁，那便是说一个儒家做了几任"官"，捞得肥肥的，然后撒开腿就跑，跑到一所别墅或山庄里，变成一个什么居士，便是道家了。——这当然是对己最有利的办法了。甚至还用不着什么实际的"遁"，只要心理上念头一转，就身在宦海中也还是士，所谓"身在魏阙，心在江湖"，和"大隐隐朝市"者，是儒道合作中更高一层的境界。在这种合作中，权利来了，他以儒的名分来承受，义务来了，他又以道的资格说，本来我是什么也不管的，儒道交融的妙用，真不是笔墨所能形容的，在这种情形之下，称他们为偷儿和骗子，能算冤屈吗？

"成则为王，败则为寇"，"窃钩者诛，窃国者侯"，这些古语中所谓王侯如果也包括了"不事王侯，高尚真事"的道家，便更能代表中国的文化精神。事实上成语中没有骂到道家，正表示道家手段的高妙。讲起穷凶极恶的程度来，土匪不如偷儿，偷儿不如骗子，那便是说墨不如儒，儒不如道，韦尔斯先生列举三者时，不称墨而称土匪，也许因为外国人到中国来，喜欢在穷乡僻壤跑，吃土匪的亏的机会特别多，所以对他们特别深恶痛绝。在中国人看来，三者之中，其实土匪最老实，所以也最好防备。从历史上看来，土匪的前身墨家，动机也最光明。如今不但在国内，偷儿、骗子在儒道的旗帜下，天天

"剿匪"，连国外的人士也随声附和的口诛笔伐，这实在欠公允，但我知道这不是韦尔斯先生的本意，因为知道在他们本国，韦尔斯先生的同情一向是属于那一种人的。

话说回来，土匪究竟是中国文化的病，正如偷儿、骗子也是中国文化的病。我们甚至应当感谢韦尔斯先生在下诊断时，没有忘记土匪以外的那两种病源——儒家和道家。韦尔斯先生用《春秋》的说法，将儒道和土匪并称，这是他的许多伟大贡献中的又一个贡献。

从宗教论中西风格

闻一多

要说明中西风俗不同,可以从种种不同的方面着眼,从宗教着眼,无疑是一个比较扼要的看法。所谓宗教,有广义的,有狭义的,狭义的讲来,中国人没有宗教,因此我们若能知道这狭义宗教的本质是什么,便也知道了中西风格不同之点在那里。至于宗教造成了西洋人的性格,还是西洋人的性格产生了他们的宗教,那是一个鸡生蛋还是蛋生鸡的辩论,我们不去管它。目下我们要认清的一点,是宗教与西洋人的性格是不可分离的。

要确定宗教的本质是什么,最好是溯源到原始思想。生的意志大概是人类一切思想的根苗。人类生活愈接近原始时代,求生意志的强烈,与求生能力的薄弱,愈有形成反比例之势。但是能力愈薄弱,不但不能减少意志的强烈性,反而增加了它。在这能力与意志不能配合的难关中,人类乃以主观的"生的意识"来补偿客观的"生的事实"之不足,换言之,因一心欲生,而生偏偏是不完整,不绝对的,于是人类便以"死的否认"来保证"生的真实"。这是人类思想史的第一页,也实在是一个了不得的发明。我们今天都认为死是一个千真万确的事实,原始人并不这样想。对于他们,死不过是生命过程中的另一阶段,这只看他们对祭祀态度的认真,便可知道。我们也可以说,他们根本没有死的观念,他们求生之心如此迫切,以至忽略了死的事实,而不自觉的做到了庄子所谓"以死生为一体"的至高境界。我说不自觉的，因为那不是庄子那般通过理智的道路然后达到的境界，理智他们绝对没有，他们只是一团盲目的求生的热欲，在热欲的昏眩中，他们的意识便全为生的观念所占据，而不容许那与生相反的死的观念存在，诚然，由我们看来，这是自欺。但是，要晓得对原始人类，生存是那样艰难，那样没有保障，如果没有这点生的信念，人类如何活得下去呢？所以我们说这是人类思想史的第一页，是一个不承认死的事实，那不死简直是肉体的不死，这还是可以由他们对祭祀的态度证明，但是知识渐开，他们终于不得不承认死是一个事实。承认了死，是否便降低了生的信念呢？那却不然。他们承认的是肉体的死，至于灵魂他们依然坚持是不会死的。以承认肉体的死为代价，换来了灵魂不死的信念，在实利眼光的人看来，是让步，是更无聊的自欺；在原始人类看来，却是胜利，因为他们认为灵魂的存在比肉体的存在还有价值，因此，用肉体的死换来了灵魂的不死，是占了便宜。总之他们是不肯认输，反正一口咬定了不死，讲来讲去，还是不死，甚至客观的愈逼他们承认死是事实，主观的愈加强了他们对不死的信念。他们到底为什么要这样的倔强，这样执迷不悟？理智能力薄弱吗？但要记得这是理智能力进了一步，承认了肉体的死是事实以后的现象。看来理智的压力愈大，精神的信念跳得愈高。理智的发达并不妨碍生的意志，反而鼓励了它，使它创造出一个求生的灵魂。这是人类思想史的第二页，一个更荒唐，也更神妙的说明。

　　人类由自身的灵魂而推想到大自然的灵魂，本是思想发展过程中极自然的一步。想到这个大自然的灵魂实在说是人类自己的灵魂的一种投射作用，再想到投射出去的自己，比原来的自己几乎是无限倍数的伟大，并又想到在强化生的信念与促进生的努力中，人类如何利用这投射出去的自己来帮助自己——想到这些复杂而迂回的步骤，更令人惊讶人类的"其愚不可及"，也就是他的其智不可及。如今人毕竟承认了自己无能，因为他的理智又较前更发达了些，他认清了更多的客观事实，但是他就此认输了吗？没有。人是无能，他却创造了万能的神。万能既出自无能，那么无能依然是万能。如今人是低头了，但只向自己低头，于是他愈低头，自己的地位也愈高。你反正不能屈服他，因为他有着一个铁的生命意志，而铁是愈锤炼愈坚韧的。这是人类思想史的第三页，讲理论，是愈加牵强，愈加支离；讲实用，却不能不承认是不可思议的神奇。

如果是以贿赂式的祭祀为手段，来诱致神的福佑或杜绝神的灾祸，或有时还不惜用某种恫吓式的手段，来要挟神做些什么或不做些什么——对神的态度，如果是这样，那便把神的能力看得太小了。人小看了神的能力其实也就是小看自己的能力，严格的讲，可以恫吓与贿赂的手段来控制的对象，只能称之为妖灵或精物，而不是神，因之，这种信仰也只能算作迷信，而不是宗教。宗教崇拜的对象必须是一个至高无上的，神圣的，万能而慈爱的神，你向他只有无条件的皈依和虔诚的祈祷。你的神愈是全德与万能，愈见得你自己全德与万能，因为你的神就是你所投射出去的自身的影子。既然神就是像自己，所以他不妨是一个人格神，而且必然是一个人格神。神的形相愈像你自己，愈足以证明是你的创造。正如神的权力愈大，愈足以反映你自己权力之大。总之你的神不能太不像你自己，不像你自己，便与你自己无关，他又不能太像你自己，太像你自己便暴露了你的精神力量究竟有限。是一个不太像你，又不太不像你的全德与万能的人格神，不多不少，恰恰是这样一个信仰，才能算作宗教。

按照上述的宗教思想发展的程序和它的性质，我们很容易辨明中西人谁有宗教，谁没有宗教。第一，关于不死的问题，中国人最初分明只有肉体不死的观念，所以一方面那样善重祭祀与厚葬，一方面还有长生不老和白日飞升的神仙观念。真正灵魂不死的观念，我们本没有；我们的灵魂观念是外来的，所以多少总有点模糊。第二，我们的神，在下层阶级里，不是些妖灵精物，便是人鬼的变相，因此都太像我们自己了；在上层阶级里，他又只是一个观念神而非人格神，因此太嫌不像我们自己了。既没有真正的灵魂观念，又没有一个全德与万能的人格神，所以说我们没有宗教，而我们的风格和西洋人根本不同之处恐怕也便在这里。我们说死就是死，他们说死还是生，我们说人就是人，我们对现实屈服了，认输了，他们不屈服，不认输，所以他们有宗教而我们没有。

我们在上文屡次提到生的意志，这是极重要的一点，也许就是问题的核心。往往有人说弱者才需要宗教，其实是强者才能创造宗教来扶助弱者，替他们提高生的情绪，加强生的意志。就个人看，似乎弱者更需要宗教，但就社会看，强者领着较弱的同类，有组织的向着一个完整而绝对的生命追求，不正表现那社会的健康吗？宗教本身尽有数不完的缺憾与流弊，产生宗教的动机无疑是健康的。有人说西洋人的爱国思想和恋爱哲学，甚至他们的科学精神，都是他们宗教的产物。他们把国家，爱人和科学的真理都"神化"了，这话并不过分。至少我们可以说，产生他们那宗教的动力，也就是产生那爱国思想，恋爱哲学和科学精神的动力。不是对付的，将就的，马马虎虎的，在饥饿与死亡的边缘上弥留着的活着，而是完整的，绝对的活着，热烈的活着——不是彼此都让步点的委曲求全，所谓"中庸之道"式的，实在是一种虚伪的活，而是一种不折不扣的，不是你死我活，便是我死你活的彻底的，认真的活——是一种失败在今生，成功在来世的永不认输，永不屈服的精神。这便是西洋人的性格。这性格在他们的宗教中表现得最明显，因此也在清教徒的美国人身上表现得最明显。

人生如果仅是吃饭睡觉，寒暄应酬，或囤积居奇，营私舞弊，那许用不着宗教，但人生也有些严重关头，小的严重关头叫你感着不舒服，大的简直要你的命，这些时候来到，你往往感着没有能力应付它，其实还是有能力应付，因为人人都有一副不可思议的潜能。问题只在用一套什么手法把它动员起来。一挺胸，一咬牙，一转念头，潜能起来了，你便能排山倒海，使一切不可能的变为可能了。那不是技术，而是一种魔术，那便是宗教。中国人的办法，似乎是防范严重关头，使它不要发生，借以省却自己应付的麻烦。这在事实上是否可能，姑且不管，即使可能，在西洋人看来，多么泄气，多么没出息！他们甚至没有严重关头，还要设法制造它，为的是好从那应付的挣扎中得到乐趣。没事自己放火给自己扑灭，为的是救火的紧张太有趣了，如果救火不熄，自己反被烧死，那殉道者的光荣更是人生无上的满足——你说荒谬绝伦，简直是疯子！对了，你就是不会发病，你生活里就缺少那点疯，所以你平庸，懦弱。人家在天上飞时，你在粪坑里爬！

　　中西风格的比较？你拿什么跟人家比？你配？尽管有你那一套美丽名词，还是掩不住那渺小，平庸，怯懦，虚伪，掩不住你的小算盘，你的偷偷摸摸，自私自利，和一切的丑态。你的孝悌忠信，礼义廉耻，和你古圣先贤的什么哲学只令人作呕，我都看透了！你没有灵魂，没有上帝的国度，你是没有国家观念的一盘散沙，一群不知什么是爱的天阉（因此也不知什么是恨），你没有同情，也没有真理观念。然而你有一点鬼聪明，你的繁殖力很大，因为聪明所以会鼠窃狗偷——营私舞弊，囤积居奇。因为繁殖力大，所以让你的同类成千成万的裹在清一色的破棉袄里，排成番号，吸完了他们的血，让他们饿死，病死……这是你的风格，你的仁义道德！你拿什么和人家比！

　　没有宗教的形式不要紧。只要有产生宗教的那股永不屈服，永远向上追求的精神。换言之,就是那铁的生命意志,有了这个,任凭你向宗教以外任何方向发展都好,怕的是你这点意志,早被瘪死了,因此除了你那庸俗主义的儒家哲学以外,不但宗教没有,旁的东西也没有。更可怕的是宗教到你手里,也变成了庸俗,虚伪,和鼠窃狗偷的工具。怕的是你的生命的前提是败北主义,和你那典型的口号"没有办法"!于是你只好嘲笑,说俏皮话。是啊,你有聪明,有繁殖力,所以你可以存在,"耗子苍蝇不也存在吗?"但你没有生活,因为我看透了你,你打头就承认了死是事实。那证明了你是怕死的。惟其怕死,所以你也怕生,你这没出息的"四万万五千万"!